Karin Resetarits • Ja, ich koche gerne!

Karin Resetarits

Ja, ich koche gerne!

Wie man Kinder, Küche und Karriere unter einen Hut bringt

Deuticke

Inhalt

Ich danke allen Köchinnen, Köchen und Kochbüchern,
die mich im Laufe meines Lebens inspiriert haben!

PROLOG

Ort der Handlung: die Buchhandlung Amadeus in den Village Cinemas in Wien. Karin Resetarits verlässt das Geschäft mit einem neuen Kochbuch in der Hand. Ein Mann nähert sich ihr.

Mann: Entschuldigung, kenne ich Sie vom Fernsehen?
Resetarits: Ja.
Mann: Lassen S' den Rest Ihrer Familie schön grüßen.
Resetarits: Danke, mach ich.
Mann: Haben S' des Buch für sich kauft oder is a Weihnachtsgeschenk?
Resetarits: Das ist ein Geschenk von mir an mich.
Mann: Das glaub i net. Wozu brauchen S' denn des? Kochen Sie vielleicht?
Resetarits: Ja, ich koche gerne!
Mann: Gehen S', ham S' überhaupt Zeit dafür?
Resetarits: Sicher. Und ich habe ja auch Kinder.

Mann: Des hat die Russwurm auch.
Resetarits: Und?
Mann: Die ist mir aber nicht so sympathisch.

Resetarits errötet leicht, richtet den Blick nach unten und verschwindet im Vorweihnachtstrubel. Wahrscheinlich wurde sie wieder mit Barbara Stöckl verwechselt. Oder mit Martina Rupp. Oder mit Ingrid Thurnher.

A

Mein Zuhause ist eine Gartenwohnung in Wien-Hietzing. Da lebe ich mit meinen Söhnen, den jährlich wechselnden Kindermädchen und unserer Katze Lionne. Ich bin Mutter, Journalistin, Köchin, Managerin, Chauffeurin, Seelendoktorin und Geliebte eines wunderbaren Mannes.

Ich liebe meine sieben Leben und möchte jedes einzelne selbständig und unabhängig führen.

Ich bin keine Powerfrau – wie ich dieses Wort verabscheue! Ich möchte nur alle Facetten meines Ichs ausleben. Täte ich das nicht, würde mein persönliches Biotop ganz schön durcheinander geraten. – So wie ich beim Essen ein mehrgängiges Menü mit vielen verschiedenen Häppchen einem einzelnen voll beladenen Teller vorziehe.

Ich bin viel unterwegs, reise gerne und habe mich schon in mehreren Wohnungen häuslich eingerichtet. Egal wo, eins war mir immer wichtig: Ich brauche eine anständige Küche.

Trautes Heim – bin nie allein!

Sie ist das Zentrum meines sozialen Lebens. Hierher ziehe ich mich gerne zurück, tanke Energie und vertiefe Beziehungen zu Menschen, die ich mag. Auch im Urlaub.

Während ich diese Zeilen schreibe, weile ich gerade drei Wochen in Venedig. Ich habe mir in der Nähe der Ponte Priuli eine Wohnung gemietet. Es sind nicht die historischen Sehenswürdigkeiten, die mich in erster Linie interessieren. Es ist das Alltagsgesicht einer fremden Stadt, das ich entdecken möchte. Ich stelle mich mit italienischen Frauen an der Supermarktkassa an, lausche ihren Gesprächen, verstehe diese nur bruchstückhaft, aber jeden Tag ein bisschen mehr. Ich koste mich durch sämtliche Spezialitäten, die der Kaufmann ums Eck in seiner Vitrine feilbietet, und freue mich, wenn ich die soeben erstandenen Köstlichkeiten zu Hause auspacke. Ich kredenze mir einen Lunch aus Melone mit Parmaschinken, schneide meine Lieblingstomaten – die eierförmigen – in dicke Scheiben, reibe frischen Pfeffer und grobes Meersalz, mische mit reichlich Olivenöl und Kräutern ab, hoble feinblättrig den Pecorino darüber und richte alles liebevoll auf meiner Küchentheke an. Kein noch so exquisites Hotelbuffet kann da mithalten! Ein kleines, feines Festmahl bereite ich mir, und dazu gibt es die Musik, die meine Stimmung noch ein wenig höher hebt. Heute ist es Billie Holiday. Ich hab's schön. Ich fühle mich wohl. Hier bin ich zu Hause.

Meine *liebsten* Snacks

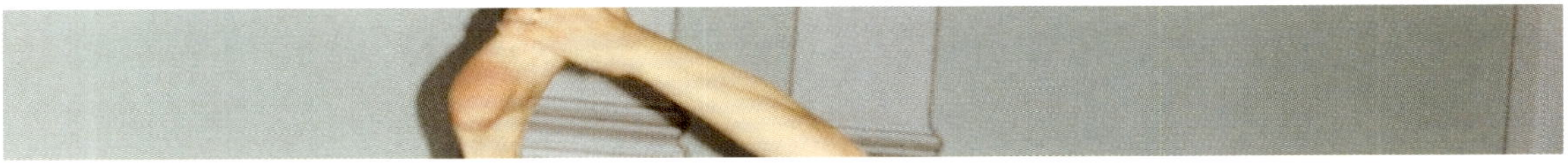

Diese Snacks esse ich besonders gern, wenn ich alleine bin und mir etwas Gutes tun will. Schnell müssen sie gehen, das ist mir wichtig, weil ich am liebsten koche, wenn ich hungrig bin.

ERBSENGUACAMOLE MIT KNOBLAUCH

Zutaten für 4 Personen:
350 g Tiefkühlerbsen, aufgetaut
2 Knoblauchzehen, gepresst
2 Lauchzwiebeln, geputzt und gehackt
1 Tl Schale und Saft von einer unbehandelten Zitrone oder Limone
1 Tl gemahlener Kreuzkümmel
1 Spritzer Tabascosauce
1 El Mayonnaise
2 El gehackter frischer Koriander
Salz, frisch gemahlener schwarzer Pfeffer

Alle Zutaten bis auf den frischen Koriander mit einem Stabmixer pürieren. Wenn die Masse cremig ist, den Koriander dazugeben und alles nochmals ein paar Sekunden pürieren. In eine Servierschale geben; diese mit Klarsichtfolie abdecken. 30 Minuten im Kühlschrank kalt stellen, damit die Aromen sich entfalten.
Mit Karotten, Stangensellerie oder Radieschen servieren.

AVOCADOCREME AUF PUMPERNICKEL

Zutaten für 4 Personen:
2 reife Avocados

1 Becher Tsatsiki (oder Sauerrahm mit
3 gepressten Knoblauchzehen)
2 El frischer Zitronensaft
Salz
Sojasauce
Pumpernickelbrot

Reife Avocados erkennt man daran, dass sie auf sanften Fingerdruck hin etwas nachgeben. Falls sie steinhart sein sollten, wickelt man sie mit einer Apfelspalte in Zeitungspapier und lässt sie an einem dunklen Ort ein bis drei Tage reifen.
Die Avocados halbieren; den Kern entfernen und das Fruchtfleisch auslöffeln. Dieses in einer Schüssel mit einer Gabel zerdrücken, bis eine cremige Konsistenz erreicht worden ist. Tsatsiki darunter mischen. Mit Zitronensaft, Salz und Sojasauce würzen. Avocadocreme auf Pumpernickelbrot servieren.

REISSALAT MIT RICOTTA

Zutaten für 2 Personen:
1 Tl Butter
100 g Naturreis
grobes Meersalz zum Kochen
50 g Maiskörner, tiefgekühlt
1 roter Paprika
1 Zucchino
1 kleine rote Zwiebel
1 Knoblauchzehe
1 Zweig frischer Thymian
1 El Petersilie
150 g Obers (Sahne)

Paprikapulver, edelsüß
Salz, weißer Pfeffer
100 g Ricotta
4 Oliven, grün oder schwarz, je nach Belieben

Die Butter in einem Topf erhitzen. Reis darin rühren, bis er glasig geworden ist. Einen Viertelliter Wasser und etwas Meersalz dazugeben und alles aufkochen lassen. Hitze auf schwächste Stufe reduzieren; zudecken und garen lassen. Ab und zu umrühren.
Nach ca. 13 Minuten Maiskörner beifügen und weitere 7 Minuten garen lassen.
In der Zwischenzeit den Paprika und den Zucchino waschen und fein würfeln. Die Zwiebel hacken und den Knoblauch pressen. Die Thymianblättchen von den Stielen zupfen. Die Petersilie hacken. Gemüse und Kräuter in einer Schüssel mischen.
Reis-Mais-Mischung in ein Sieb geben; mit kaltem Wasser abschrecken und abtropfen lassen. In der Schüssel mit den anderen Zutaten mischen.
Obers und Gewürze (Pfeffer, Salz und Paprikapulver) zu einem Dressing verarbeiten.
Mit dem Reissalat mischen; eine Viertelstunde ziehen lassen.
Ricotta würfeln; vorsichtig unter den Salat heben, damit der Käse nicht zerbröselt.
Mit den in Scheiben geschnittenen Oliven garnieren.

GERÖSTETER KNOBLAUCH MIT KÄSE UND BLATTSALATEN

Zutaten für 4 Personen:
gemischte Blattsalate, wie sie gerade frisch erhältlich sind

Ziegen- oder Haloumi-Käse, ca. 250 g
4 große Knoblauchknollen
Olivenöl
2 El Pinienkerne
Kapuzinerkresseblüten, falls erhältlich
1 El heller Reisessig
6 El natives Olivenöl extra
Salz, frisch geriebener schwarzer Pfeffer

Die Knoblauchknollen in einzelne Zehen zerpflücken und den harten Deckel wegschneiden. Mit Olivenöl bestreichen und leicht salzen. In einen kleinen glasierten Tontopf geben. Diesen in das kalte Backrohr stellen und die Knoblauchzehen bei ca. 200 Grad ca. 40 Minuten garen, bis sie weich und cremig sind.
Aus Reisessig, nativem Olivenöl, Pfeffer und Salz eine milde japanische Vinaigrette anrühren. – Nicht zu viel Salz verwenden, denn der Käse ist sehr würzig!
Auf jedem Teller Salatblätter anrichten. Eine gusseiserne Pfanne erhitzen und mit Olivenöl einreiben. Den in 5 mm dicke Scheiben geschnittenen Käse darin auf beiden Seiten goldbraun braten. Die Pinienkerne in der Pfanne kurz anrösten. Käse und Pinienkerne über den Salat streuen. Den Knoblauch und die Kapuzinerkresseblüten dazugeben. Die Vinaigrette darüber träufeln. – Rasch servieren!

HUMUS

Zutaten für 4 Personen:
500 g Kichererbsen aus der Dose
2 El gehackte Petersilie oder Koriander
3 Knoblauchzehen

1 kleine Zwiebel
1–2 kleine Chilischoten
3 El Olivenöl
Saft von einer Zitrone
¼ Tl Chilipulver
¼ Tl Cayennepfeffer
Salz, frisch gemahlener schwarzer Pfeffer
1 Messerspitze Zimt

Die Kichererbsen in ein Sieb geben und gut abtropfen lassen. Knoblauchzehen und Zwiebel fein hacken. Chilischoten in kleine Stücke schneiden. Erbsen, Petersilie oder Koriander, Knoblauch-, Zwiebel- und Chilistückchen mit dem Olivenöl, dem Zitronensaft, dem Chilipulver, dem Cayennepfeffer und etwas Zimt mit einem Stabmixer fein pürieren. Mit Salz und Pfeffer abschmecken. In eine Schüssel geben und diese mit Klarsichtfolie bedecken. Das Püree etwa eine Stunde lang im Kühlschrank abkühlen lassen.

Zu Humus passt meiner Meinung nach am besten Pittabrot. Man kann dazu aber auch Karotten, Zucchini oder Kohlrabistifte essen.

BRUSCHETTE

Für Bruschette Brot (Ciabatta oder Baguette) in Scheiben schneiden, mit Olivenöl bestreichen und beidseitig goldgelb rösten. Mit frischen Zutaten belegen.

A … mit Lachs, Kapern und Frischkäse
Bruschette mit Doppelrahmfrischkäse bestreichen. Darauf kleine Scheiben Räucherlachs und Kapern legen. Mit frischem Dill garnieren.

B ... mit Tomaten und Basilikum
4 reife Tomaten schälen (kreuzweise die Haut einschneiden, Tomaten 30 Sekunden in sehr heißes Wasser legen, herausnehmen und die Haut abziehen). Tomaten würfeln. Basilikumblätter klein zupfen und mit 2 El feinem Olivenöl mischen. Eventuell zwei Knoblauchzehen in die Masse pressen. Auf die Bruschette streichen.

C ... mit Rucola, Pecorino und Prosciutto
Circa 100 g Rucola auf den Bruschette verteilen. 200 g klein geschnittenen frischen Pecorino mit 2 Tl fein geriebener Orangenschale und 2 El Olivenöl mischen. Je 2 Tl der Mischung auf jede Bruschetta verteilen. Sechs Scheiben Prosciutto klein schneiden und auf den Käse streuen.

PASTA FRITTATA

Zutaten für 8 Stück:
300 g Spaghetti
4 Eier
50 g geriebener Parmesan
2 El Petersilie
60 g Butter
Salz, frischer Pfeffer

Spaghetti in einem großen Topf al dente garen. Abgießen und abtropfen lassen. Die Eier verquirlen. Parmesan, gehackte Petersilie, Salz und frischen Pfeffer dazu-

geben. Die Spaghetti darin schwenken.
30 g Butter in einer Pfanne zerlassen. Spaghetti darin zugedeckt bei schwacher Hitze knusprig-gold braten (nur die Unterseite). Auf einen Teller gleiten lassen. Die restliche Butter zerlassen. Die Spaghetti wieder in die Pfanne geben und die andere Seite ohne Deckel braten.
In Stücke geschnitten warm servieren.

FLEISCHBÄLLCHEN

Zutaten für 4 Personen:
4 Scheiben Weißbrot ohne Rinde
150 g Faschiertes (Hackfleisch) vom Schwein
150 g Faschiertes (Hackfleisch) vom Kalb
1 El Petersilie, gehackt
1 El frische Pfefferminze, gehackt
1 Zwiebel, fein gehackt
½ Tl Kreuzkümmel
1 Ei
25 g Parmesan, gerieben
60 g Mehl
Olivenöl

Das Brot in einer Schüssel mit Wasser einweichen. Dann das Wasser wieder ausdrücken. Mit Fleisch, Petersilie, Minze, Zwiebelstücken, Kreuzkümmel, Ei und Käse in einer Schüssel zu einer glatten Mischung kneten und diese würzen. Zugedeckt ca. 30 Minuten kalt stellen.
Danach je einen El Fleischteig mit feuchten Händen zu einem Bällchen formen. Die Bällchen in Mehl wenden und in heißem Olivenöl ca. 3–5 Minuten braten, bis sie braun und durch sind. Auf Küchenpapier abtropfen lassen.

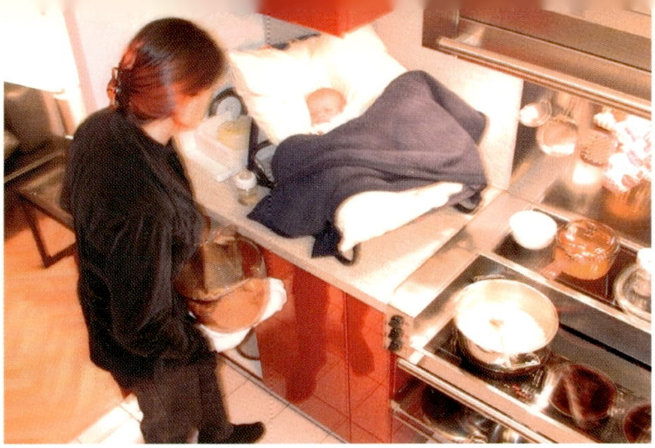

Wenn Sie ganz ungeduldig sind oder überraschend Freunde zu Besuch kommen, dann empfehle ich Ihnen diesen Blitzsnack:

APFEL UND PECORINO

Zutaten für 4 Personen:
2 große aromatische Äpfel
ca. 200 g frischer Pecorino
bestes Olivenöl
frisch gemahlener Pfeffer

Pecorino und Äpfel in dünne Scheiben schneiden; das Kerngehäuse der Äpfel entfernen.
Mit Olivenöl beträufeln. Zuletzt frischen Pfeffer darüber reiben.

B

Erstaunlicherweise hat auch meine früheste Kindheitserinnerung mit einer Küche zu tun. Ich war zwei, konnte noch kaum sprechen und war ständig auf Entdeckungsreise. Meine große, weite Welt war das erste Stockwerk eines Hauses in Margarethen am Moos, einem 1.000-Seelen-Dorf östlich von Wien. Im Erdgeschoss betrieb meine Großmutter eine Greißlerei. Darüber befand sich die Wohnung meiner Eltern.

Ich war allein in der Küche; meine Mutter bezog gerade die Betten im Schlafzimmer. Neben der Abwasch bewahrte sie in einer Schublade eine Unzahl von handgeschriebenen Rezepten auf. – Kochbuch besaßen wir nur eines – das Thea-Kochbuch, wahrscheinlich ein Geschenk vom Lieferanten an die Oma. Da in der Schublade auch ein bereits geöffnetes Vanillezuckerpäckchen lag, wollte ich kurz meine Nase in dieses verbotene, duftende Paradies stecken.

Da entdeckte ich eine kleine, bunte Schachtel mit aufgerauten braunen Seitenflächen. Als ich sie aufhob, machte sie lustige Geräusche, als

Leichter Leben anno 1963

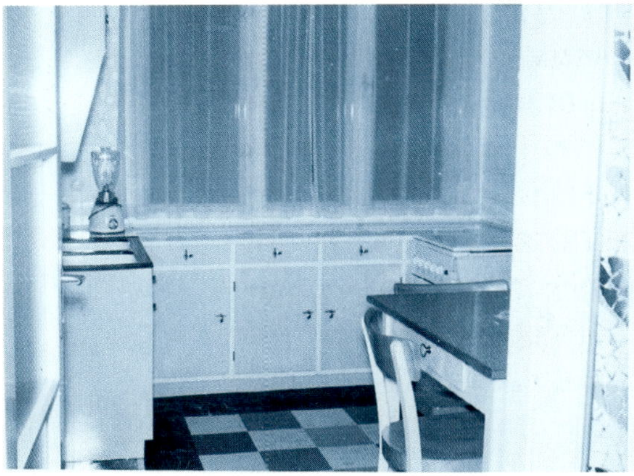

Küche vor dem Brand, 1964

befänden sich Perlen darin. Doch es waren keine glitzernden Kügelchen, sondern hölzerne Stäbchen mit roten Köpfen. Das erste zerbrach in meinen neugierigen Händen. Das zweite rieb ich vorsichtig an der rauen braunen Seitenfläche, so wie es meine Mutter des Öfteren tat. Doch ich hatte nicht damit gerechnet, dass die Flamme so plötzlich, gewaltig und heiß zwischen meinen Fingerspitzen explodieren würde. Erschrocken ließ ich das Stäbchen fallen und beobachtete das blauorange Licht, das sich gierig durch den Zettelwald in der Lade fraß. Ein prächtiges Schauspiel, das ich unbedingt meiner Mutter zeigen wollte. Ich lief zu ihr ins Schlafzimmer und zerrte an ihrem Rock. Doch meine Mutter zeigte wenig Lust, meiner Aufforderung Folge zu leisten. Mir fehlten die Worte – wie sollte ich sie überzeugen? Sie musste doch das Spektakel in der Küche bewundern!

»Lichti, Lichti!«, brachte ich schließlich hervor. Meine Mutter blickte kurz zur Deckenlampe hinauf und schüttelte den Kopf. »Nein, Karin, draußen scheint die Sonne. Wir müssen das

Licht nicht aufdrehen.« Es half nichts, Erwachsene brauchen Tränen und Terror, um Kinder richtig zu verstehen. Seufzend folgte meine Mutter meinem lautstarken Gebrüll. Die Schublade stand voll in Flammen. Es waren Drachenzungen, die senkrecht in Richtung Nylonvorhänge schnellten. Blitzschnell riss meine Mutter das Fenster auf und packte die brennende Lade mit bloßen Händen. – In meiner Erinnerung segelt sie langsam abwärts, begleitet von tausend Glühwürmchen, und landet im Rosenbeet. Da stand auch bereits meine Mutter, mit dem Gartenschlauch bewaffnet. Ich hatte sie gar nicht weglaufen gehört, so versunken bewunderte ich den Funkenregen, der durch den Wasserstrahl nach und nach erlosch.

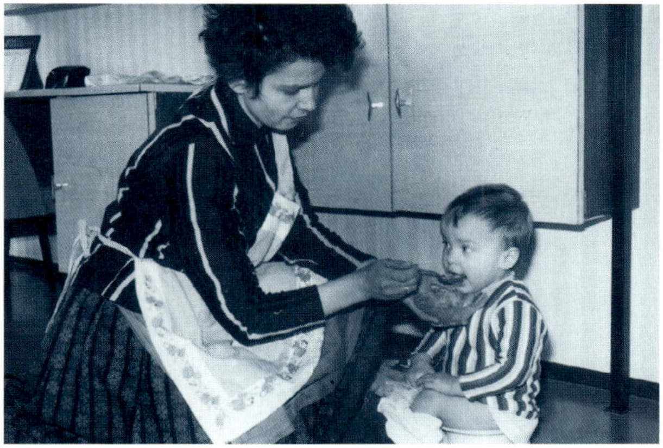

Essen in jeder Lebenslage

Zweierlei lernte ich an diesem Tag: erstens: Finger weg von Streichhölzern! – Neun Jahre lang hielt ich mich eisern daran, bis ich im Alter von elf gemeinsam mit meinem Cousin Rudi pochenden Herzens meine erste Zigarette anzündete. Und zweitens: Die spektakulärsten Aktionen sind es, die ein Menschenleben interessant machen.

Spektakuläres *leicht gemacht*

Oft ist es im Leben notwendig, Eindruck zu hinterlassen. Das gelingt jedoch nur, wenn man unverkrampft an die Dinge herangeht. Nicht umsonst gibt es das Sprichwort: Die anderen kochen auch nur mit Wasser. Spektakuläre Speisen müssen nicht unbedingt kompliziert sein. Hier eine Auswahl meiner persönlichen Volltreffer.

MUSCHELRISOTTO

Zutaten für 4 Personen:
Für die Muscheln:
1 kg Miesmuscheln
2 Zwiebeln, in Ringe geschnitten
3 Knoblauchzehen, halbiert
50 g Stangensellerie, in Scheiben geschnitten
80 g Karotten, in Scheiben geschnitten
1 El Olivenöl
200 ml Weißwein
400 ml Fischfond
3 Thymianzweige
1 Lorbeerblatt
60 g Schalotten, fein gehackt
30 g Butter
2 El gehackte frische Kräuter (etwa Salbei, Petersilie, Thymian)
Salz, frisch gemahlener Pfeffer

Für den Risotto:
300 g Risottoreis
60 g Schalotten, fein gehackt
1 Knoblauchzehe, fein gehackt
40 g Butter
150 ml Weißwein
1 Säckchen Safranfäden
Salz, frisch gemahlener Pfeffer

Für die Trüffelsauce:
1 schwarze Trüffel, ca. 60 g
30 g Schalotten
50 g Butter
50 ml roter Portwein
¼ l Kalbsfond
Salz, frisch gemahlener Pfeffer
1 cl Cognac

Die Miesmuscheln unter fließendem kaltem Wasser abbürsten, um Sand- und Kalkreste zu entfernen. Den Bart mit den Fingern abziehen. – Bereits geöffnete Exemplare wegwerfen, sie könnten verdorben sein.
Öl in einem Topf erhitzen und die Zwiebelringe, eine Knoblauchzehe, Karottenscheiben und den Sellerie farblos darin anschwitzen. Weißwein und Fischfond zugießen und alles zum Kochen bringen. Thymianzweige, Lorbeerblatt und die Muscheln dazugeben. Zugedeckt 6–8 Minuten garen lassen; dabei öfters am Topf rütteln. Muscheln in ein Sieb schütten; dabei Fond auffangen. Er sollte ca. einen Liter ergeben; eventuell zusätzlich mit Fischfond auffüllen.
Noch geschlossene Muscheln wegwerfen. Zwei Drittel der Muscheln auslösen, den Rest in der Schale aufheben.

Für den Risotto die Butter in einem Topf zerlassen. Schalotten und Knoblauchzehe darin farblos anschwitzen. Den Reis dazuschütten und sofort umrühren; so lange umrühren, bis der Reis glasig ist. Mit Weißwein löschen. Weiterrühren, bis der Reis die Flüssigkeit absorbiert hat. Etwas Muschelfond angießen und wiederum rühren, bis die Flüssigkeit vom Reis aufgenommen wurde. Mit Safran und Pfeffer abschmecken; Salz mit Muschel-

fond abstimmen. So lange Muschelfond dazurühren, bis der Reis bissfest ist. Das dauert ca. 30 Minuten.

In der Zwischenzeit für die Muscheln die Schalotten und den restlichen Knoblauch mit Butter in einer Pfanne anschwitzen. Das ausgelöste Muschelfleisch dazufügen und die Kräuter einstreuen. Kurz bei starker Hitze durchschwenken; salzen und pfeffern.

Für die Trüffelsauce die Trüffel sorgfältig abbürsten; kurz unter fließendem kaltem Wasser waschen und dünn schälen. Aus den Abschnitten einen Trüffelfond herstellen. – Dazu die Trüffelschalen sehr fein hacken. Die fein gehackten Schalotten in etwas Butter anschwitzen und die Trüffelschalen dazugeben. Mit dem Portwein ablöschen und reduzieren, bis fast die ganze Flüssigkeit verdampft ist. Den Kalbsfond dazuleeren und nochmals auf die Hälfte reduzieren. Durch ein Tuch passieren. Mit Salz und Pfeffer würzen. Abkühlen lassen. Die kalt gewordene Butter an der Oberfläche mit Küchenpapier absaugen. Trüffel in feine Streifen schneiden und in 10 g zerlassener Butter anschwitzen. Mit Cognac löschen. Trüffelfond dazugeben. Alles kochen, bis die Flüssigkeit auf die Hälfte reduziert wurde. Sauce wieder durch ein Tuch passieren. Restliche, eiskalte Butter in Flöckchen in die Sauce einrühren.

Risotto auf vorgewärmten Tellern anrichten. Muscheln ohne Schale darauf verteilen. Muscheln mit Schale als Kranz um den Risotto legen. Alles mit der Sauce beträufeln.

GEFÜLLTE AUBERGINEN MIT COUSCOUS

Zutaten für 4 Personen:
4 mittelgroße Auberginen, längs halbiert
4 Hühnerschenkel
4 El Olivenöl
2 Zwiebeln, in Ringe geschnitten
3 Knoblauchzehen, zerdrückt
6 reife Eiertomaten, enthäutet, entkernt und gehackt
frischer Schnittlauch
500 g Instant-Couscous
500 ml Hühnersuppe
2 Tl Harissa-Paste
1 El Butter
Salz, frischer schwarzer Pfeffer

Auberginenhälften in der Mitte aushöhlen, salzen und 30 Minuten ruhen lassen. Danach abspülen, trockentupfen und von allen Seiten im Ofen oder in der Pfanne leicht angrillen bzw. -braten. Beiseite stellen. Ausgeschabtes Auberginenfruchtfleisch klein hacken und beiseite stellen.
Hühnerschenkel im Ofen grillen oder in der Pfanne leicht braun braten. Olivenöl in einer großen Pfanne erhitzen. Zwiebelringe darin glasig braten. Knoblauch dazugeben und eine Minute mitbraten. Tomaten und Auberginenfleisch zugeben. Alles braten lassen und eindicken. Mit Salz und Pfeffer abschmecken. Einige Löffel der Masse auf den Boden eines Tontopfs mit Deckel verteilen. Vier Auberginenhälften mit der ausgehöhlten Seite nach oben darauf anrichten. Jede Aushöhlung mit 1 El der Masse füllen und einen Hühnerschenkel darauf legen. Noch 1 El Sauce dazugeben. Die übrigen Auberginenhälften darauf legen. Restliche Sauce

darum verteilen und würzen. Zugedeckt bei ca. 200 Grad eine Stunde schmoren, bis das Hühnerfleisch gar ist.
Couscous in einer feuerfesten Schüssel mit kochender Hühnersuppe übergießen und in den letzten 5 Minuten in den Ofen stellen. Abgießen; Harissa-Paste, Butter und Schnittlauch mit einer Gabel durchziehen. 3 El auf jeden Teller verteilen. Auberginen und Sauce dazu anrichten und mit dem restlichen Schnittlauch bestreuen.

FISCH IN DER SALZKRUSTE

Zutaten für 4 Personen:
1 ganzer Meeresfisch zu 1–1,5 kg
1 Hand voll gemischte frische Kräuter
4 Eier
2 kg grobes Meersalz

Für die Buttersauce:
1 Schalotte, fein gehackt
1 El Weißweinessig
4 El Weißwein
2 El Kapern
80 g Butterflocken (eiskalt)
Salz, frisch gemahlener weißer Pfeffer

Den Fisch in der Fischhandlung küchenfertig machen lassen. Zu Hause unter fließendem Wasser waschen und mit Küchenpapier trockentupfen.
Die Kräuter waschen, trocknen und in die Bauchhöhle des Fisches füllen.
Die Eier trennen. Eiweiß zu Schnee schlagen. Eischnee und grobes Salz in einer Schüssel vermischen, sodass eine formbare Masse entsteht. – Falls nötig, etwas Wasser dazugeben.
Den Backofen auf ca. 220 Grad vorheizen.

Die Hälfte der Salzmischung auf eine Form oder ein tiefes Backblech schichten. Den Fisch darauf legen und gleichmäßig mit dem restlichen Salz bedecken. Die Masse gut andrücken. Den so eingepackten Fisch in den Ofen schieben und etwa 45 Minuten backen.
Circa 10 Minuten vor Ende der Backzeit die Buttersauce zubereiten. Die Schalottenstücke in einer kleinen Pfanne mit Weißweinessig und Wein dünsten, bis die Flüssigkeit fast verdampft ist. Den Fisch aus dem Rohr nehmen und 5 Minuten ruhen lassen.
Die kalte Butter mit einem Schneebesen in die eingekochten Schalottenstücke rühren, bis eine Sauce entstanden ist. Kapern untermischen und mit Salz und Pfeffer abschmecken.
Salzkruste vom Fisch runterschneiden; notfalls mit einem Fleischhammer aufschlagen. Salzkörner entfernen, Haut abziehen und den Fisch portionieren.
Mit der Buttersauce übergießen und servieren.

PEKINGENTE MIT MANDARINCRÊPES

Zutaten für 4 Personen:
1 Ente zu 1,7 kg
1 El Honig
1 kleine Gurke
12 Frühlingszwiebeln
2 El Hoisinsauce

Für die Mandarincrêpes:
310 g Mehl
2 Tl feiner Zucker
1 El Sesamöl

Die Mandarincrêpes können im Voraus gebacken werden. Zugedeckt an einem kühlen Ort aufbewahren. Vor dem Servieren aufwärmen, und zwar fest in Alufolie gewickelt 2 Minuten bei 180 Grad im Backrohr.

Für den Crêpe-Teig Mehl und Zucker in einer Schüssel mischen und 250 ml kochendes Wasser dazugeben. Rühren, bis sich die Zutaten vermischt haben. Masse abkühlen lassen, bis sie lauwarm ist. Auf einer bemehlten Arbeitsfläche zu einem glatten Teig verarbeiten. Abdecken und 30 Minuten ruhen lassen.
Je 2 El Teig zu einem Ball formen und zu einem Kreis mit 8 cm Durchmesser ausrollen. Einen Kreis leicht mit Sesamöl bestreichen, einen zweiten darauf setzen. Nochmals ausrollen, sodass ein dünner Pfannkuchen mit ca. 15 cm Durchmesser entsteht. Den restlichen Teig genauso verarbeiten, bis man ca. zehn doppelte Pfannkuchen hat.
Die Pfannkuchen einzeln in einer erhitzten Pfanne backen. Wenn sich kleine Blasen bilden, wenden und die andere Seite backen. Die Oberfläche mit einem sauberen Geschirrtuch runterdrücken. Auf einen Teller legen, bis die Pfannkuchen abgekühlt sind; dann werden sie getrennt. Stapeln und zudecken, damit sie nicht austrocknen!

Die Ente mit 3 Litern kochendem Wasser übergießen. – Das Wasser muss die gesamte Haut benetzen! Honig mit 125 ml heißem Wasser verrühren und die Ente damit glasieren. Zum Trocknen an einen kühlen, luftigen Ort hängen. Das Trocknen geht auch mit einem elektrischen Ventilator, den man einen Meter von der Ente entfernt aufstellt. Die

Haut ist ausreichend getrocknet, wenn sie sich papieren anfühlt. Dies kann 2–4 Stunden dauern.
Aus der Gurke die Kerne entfernen und das Fleisch in Streifen schneiden. Frühlingszwiebeln in 8 cm lange Teile schneiden. Diese vom Zentrum zum Rand parallel einschneiden. In Eiswasser legen. Die Zwiebeln öffnen sich dann wie ein Fächer.
Den Backofen auf 210 Grad vorheizen. Die Ente 30 Minuten auf einem Gitter über einer Fettpfanne braten. Wenden und nochmals 30 Minuten braten. Herausnehmen und auf einen vorgewärmten Teller legen. Zum Servieren das Brust- und Keulenfleisch in dünne Schnitten zerteilen. Vorher die knusprige Haut von der Unterseite lösen und ebenfalls in dünne Scheiben schneiden. Gurkenstreifen und Zwiebelfächer auf den Tellern anrichten. Die Hoisinsauce in eine kleine Schale geben und alles auf einen Tisch stellen.
Die Gäste nehmen einen Pfannkuchen und streichen mit einem der Frühlingszwiebel-Pinsel etwas Hoisinsauce darauf. Abschließend werden Gurkenstreifen, Entenstücke und der Zwiebelfächer darauf gelegt. Dann wird die Crêpe so gefaltet, dass sie die Füllung umschließt.

Falls Ihnen die Entenzubereitung zu umständlich ist: Bitten Sie doch den Chinesen ums Eck, eine für Sie frisch zuzubereiten. Das erspart Arbeit!

OSSOBUCO

Dieser italienische Klassiker sollte unbedingt in einem Römertopf zubereitet werden. Ein Bräter aus Ton ist sowieso ein unverzichtbares Utensil, da Fleisch und Gemüse darin besonders sanft und saftig geschmort werden können.

Zutaten für 4 Personen:
4 große oder 8 kleine Scheiben Ossobuco
6 Zwiebeln, in Ringe geschnitten
3 El Olivenöl
6 Knoblauchzehen, zerdrückt
400 g Dosentomaten
1 Selleriestange, fein gehackt
1 Hand voll Oreganoblätter, gehackt
250 ml guter Rotwein
Hühnersuppe
3 El frische Petersilie, gehackt
1 Knoblauchzehe, fein gehackt
1 El Zitronenschale, gerieben
Salz, frischer schwarzer Pfeffer

Das Olivenöl in einer Pfanne erhitzen. Die Zwiebelringe mit Salz bestreuen und langsam glasig dünsten. Dann in einen gewäs-

serten Römertopf oder einen glasierten Tontopf geben.
Das Fleisch in der Pfanne von allen Seiten braun braten und ebenfalls in den Topf geben. Knoblauch in der Pfanne goldbraun braten. Die Dosentomaten, Selleriestücke und den Oregano hinzufügen und dann alles in den Topf geben. Salzen und pfeffern. Den Bratensatz in der Pfanne mit Rotwein löschen und 2 Minuten einkochen. Danach ebenfalls in den Topf geben. Den Topfinhalt mit der Hühnersuppe bedecken und in den kalten Ofen stellen. Bei 200 Grad 30 Minuten erhitzen, bis die Flüssigkeit kocht. Temperatur reduzieren und 2–3 Stunden köcheln lassen, bis das Fleisch zart und weich ist. Petersilie, Knoblauch und Zitronenschale kräftig mixen. Ossobuco damit bestreuen und servieren.

C

Ich scheitere oft und voll Respekt vor der Anforderung, die zu meistern mir misslungen ist. Das trifft auf alle meine sieben Leben zu, was mir aber nicht immer bewusst war. Es fiel mir auf, als Christoph Schlingensief mit seiner Wahlkampfparole »Scheitern als Chance« Deutschland, Helmut Kohl und die Spitze der ÖVP hierzulande schwer verunsicherte. Sie erinnern sich vielleicht an seine erste spektakuläre Aktion in Österreich, als er mit einer Heerschar von Arbeitslosen in St. Gilgen, dem Urlaubsort des seinerzeitigen deutschen Kanzlers, in den Wolfgangsee stieg und diesen über die Ufer treten lassen wollte. Ein Vorhaben, mit dem Schlingensief scheiterte und doch so großen Erfolg hatte, dass die Bilder dieser Aktion, von ihm mit dem Werbeoverall, um die Welt gingen. Scheitern schafft neue Perspektiven, Erfolg erstickt jedes kreative Experiment. Dem inneren Schweinehund darf es nie zu gut gehen.

Es gibt eine Generation – es ist die im Hitler-Reich groß gewordene –, für die Scheitern ein hochnotpeinlicher Makel ist, den zuzugeben eine

Mit Christoph Schlingensief am Opernball, 1998

Gescheitertes Opernball-Outfit, 1986

unüberwindbare Hürde darstellt. Fehler einzugestehen ist für sie mit Schwäche gleichzusetzen. So wendet sie ihre ganze Kraft auf, um nach außen hin eine perfekte und geschönte Welt vorzugaukeln, die es so nicht gibt. Mir fällt auf, dass diese Generation oft unfähig zu tiefen Freundschaften ist, weil sie aus Angst, Menschen zu nahe zu treten, auf intime Anteilnahme verzichtet.

Meine Mutter hatte seit ihrer Schulzeit drei Freundinnen; alle vier besuchten sich vierteljährlich gegenseitig. Vierzig Jahre lang. Meine Mutter hat bis zu ihrem Tod nicht gefragt, warum die eine nie mit einem Mann zusammen war und die anderen beiden kinderlos geblieben waren. »Das geht doch nicht, das ist doch viel zu intim«, verteidigte sich meine Mutter. Sie blieb lieber an der Oberfläche, pflegte ihre Vorurteile gegenüber Kinderlosen und Homosexuellen und unterhielt sich mit ihren Freundinnen vierzig Jahre lang über Urlaubsziele, Fernsehprogramme und Kochrezepte.

Ich hingegen scheitere also oft und gern, natürlich auch in der Küche.

Ich kann zum Beispiel keine Palatschinken. Die werden entweder zu dick, zu hart, zu löchrig oder sind ungleichmäßig gebräunt. Und wenn sie so unvollkommen endlich serviert werden, sind sie immer zu kalt. Ich kann auch keinen erstklassigen Pizzateig. Meine homemade Pizza ist nie so hauchdünn und knusprig wie in der Molina d'Elsa, einer Trattoria in der Nähe von Siena, wo ich die bis jetzt besten Pizzen meines Lebens gegessen habe.

Aber nicht nur ich scheitere manchmal beim Kochen und Backen. Warum schmecken in Österreich beispielsweise Bagels nie so gut wie in New York? Warum scheitern unsere Bäcker, die doch sonst Spezialisten für herrlich kernige Brotsorten sind, an diesem Vorhaben und fabrizieren – wenn überhaupt – nur labrige Bagels und nicht solche mit dem gewissen festen Biss?

Scheitern als Chance. Dieses Kochbuch bietet also die Chance für mich, so lange keine Ruhe zu geben, bis ich sie gelüftet habe: die Geheimnisse der perfekten Palatschinken, Pizzen und Bagels.

Tipps und Tricks

PALATSCHINKEN

Raiko hat meiner Meinung nach die besten Palatschinken der Stadt gemacht. Leider hat er sein Restaurant »Stern« in der Wiener Gumpendorfer Straße verkauft. Von ihm stammt auch der Tipp, Eselmehl zu verwenden. Diese spezielle Marke mache alle Mehlspeisen besonders locker und flaumig. Außerdem, meint Raiko, sei die Beschaffenheit der Pfanne für das Gelingen der Palatschinken wichtig. Er verwendet eine doppelt beschichtete – außen hart, innen mit einer Antihaftversiegelung –, die er nur heiß ausspült und mit Küchenkrepp trockentupft. So hat die Pfanne bereits einen fetten Untergrund und man braucht für das Palatschinkenbacken nur wenig Öl! Diese Spezialpfannen gibt es in jedem guten Haushaltswarengeschäft. Ärgern Sie sich nicht, die erste Palatschinke misslingt fast immer. Das hat mir auch meine tschechische Freundin Betty bestätigt, ebenfalls eine exzellente Palatschinkenbäckerin.

Heiß können die Palatschinken nur serviert werden, wenn Sie eine Küchenhilfe haben, die sie sofort füllt. Richten Sie deshalb die diversen Saucen und Marmeladen schon vorher an. Am besten gleich auf dem Esstisch, dann können die Palatschinkenkonsumenten höchstpersönlich das Füllen übernehmen.

Den Palatschinkenteig selbst bereiten Raiko und Betty nach Gefühl zu. Das hilft einem Palatschinkenlehrling natürlich nicht weiter. Deshalb habe ich ihnen nach längerem Verhandeln in etwa folgende Mengen entlockt:

Zutaten für ca. 10 Palatschinken:
150 g Eselmehl, glatt
¼ l Milch
2 Eier/1 Eigelb
Salz
Staubzucker
Fett

Aus Milch, Mehl und einer Prise Salz einen dünnflüssigen Teig anrühren. Dann Eier und Eigelb dazugeben. Teig ca. 30 Minuten rasten lassen. Pfannenboden mit wenig (!) Fett erhitzen. Eine Portion Teig so dünn wie möglich eingießen. Pfanne schwenken, um den Teig dünn und gleichmäßig zu verteilen. Bei guter Hitze backen; wenden und andere Seite bräunen. Palatschinken übereinander stapeln und – falls einem kein Küchenhelferlein zur Seite steht – im ca. 80 Grad vorgeheizten Backrohr warm halten.

Klassisch mit einer guten Marillenmarmelade bestreichen und je nach Gusto mit Staubzucker bestreuen.

Gern habe ich noch diese Füllung:

80 g Mandeln
150 g Mohn
1 El Honig
50 g Kristallzucker
⅛ l Milch
1 El Vanillezucker
Rosinen nach Belieben
Zitronenschale
2 El Rum
Salz
Zimt, Nelkenpulver
Staubzucker

Milch, Zucker und Honig in einem Topf rühren, bis die Masse leicht aufkocht. Mandeln, Mohn, Vanillezucker, Zitronenschale, Rum, Zimt, Nelkenpulver und eine Prise Salz dazugeben. Wieder leicht aufkochen lassen und am Schluss die Rosinen beimengen.

Hier noch ein Rezept für eine gelungene Schokosauce:

¼ l Obers (Sahne)
150 g dunkle Schokolade
100 g helle Schokolade

Obers aufkochen. Schokolade in kleinen Stücken einrühren und schmelzen; dabei nicht aufhören zu rühren! Die Masse sollte einmal aufkochen. Fertig.

PIZZA

Nirgends schmecken die Pizzen besser als in Italien. Das liegt vielleicht an der Hefe und am Mehl. Hervorragende Pizzen gibt es in Wien im »Rossini«. Die kommen schon annähernd an die von der Molina D'Elsa heran. Am liebsten essen Martin und ich dort eine Pizza, die es auf der Speisekarte gar nicht gibt. Das Originalrezept stammt aus Kalabrien. Es ist eine weiße Pizza, also eine ohne Tomatensauce. Sie ist mit Mascarpone, Gorgonzola und frischen Rosmarinnadeln belegt. Was unbedingt zu beachten ist beim Pizzateigmachen, zeigte mir der Pizzakoch Carlo, der übrigens aus Ägypten stammt.
Auch Carlo verwendet Eselmehl. Er hat mir die Zutaten natürlich nur in großen Mengen angeben können. Für den Hausgebrauch

Mit Palatschinken-Betty und Pizza-Carlo

muss man eben dementsprechend dividieren. Auf einen Hefewürfel mit 42 Gramm kommen acht Kilogramm Mehl. Wenn man ca. acht Pizzen herstellen möchte, reichen fünf Gramm Hefe und ein Kilogramm Mehl des Typs 480, glatt. Darunter mischt man einen halben Liter Wasser und einen Esslöffel Salz.
Die Hefe wird mit etwas lauwarmem Wasser und 60 Gramm Mehl zu einem glatten Teig geknetet. Diesen Teig schneidet man an der Oberfläche kreuzweise wie eine Semmel ein und lässt ihn zugedeckt eine Stunde lang an einem geschützten Ort aufgehen. Dann gibt man das restliche Mehl in eine große Schüssel und bildet in der Mitte eine Mulde. In diese Mulde legt man den »Vorteig«. Dann gibt man das Salz und nach und nach Wasser dazu und knetet den Teig gut durch. – Nur so viel Wasser verwenden, dass der Teig elastisch und weder zu trocken noch zu nass ist. Wenn der Teig geschmeidig ist, teilt man ihn in acht Stücke zu je 120 Gramm. Davon hängt in der Folge auch die Beschaffenheit der Pizza ab. Umso schwerer das einzelne Stück ist, desto dicker wird die Pizza. Legt man so wie ich Wert auf eine hauchdünne Pizza, sollte man also den Tipp von Carlo mit den 120 Gramm unbedingt einhalten. Aus den einzelnen Stücken dreht man nun schöne glatte Teigkugeln, die man mindestens zwei Stunden und maximal zwei Tage im Kühlschrank aufbewahren sollte. Die Teigkugeln sollten vor der weiteren Verarbeitung 15 Minuten bei Zimmertemperatur lagern, dann kann man aus ihnen die Pizzen formen. Dies erfordert wieder Geschicklichkeit. Wenn man noch nicht die Fertigkeit eines Profis hat, leistet dabei der Nudelwalker unbezahlbare Hilfe. Die Pizzen schiebt man nun ins

vorgewärmte Backrohr und bäckt sie leicht an. Dann erst bestreicht man sie mit der Mascarpone-Gorgonzola-Mischung und streut Rosmarinnadeln nach Belieben darauf. Bei 200 Grad braucht eine Pizza ca. weitere fünf Minuten. – Alle herkömmlichen Pizzabeläge mit Tomatensauce als Grundlage braucht man nicht vorzubacken!
Im »Rossini« verwendet man Galbani-Mascarpone.

BAGELS

Natürlich gehört zu einem perfekten Bagel die Atmosphäre von Manhattan. Aber auch zu Hause schmeckt er und stillt ein wenig die Sehnsucht nach New York.

Zutaten für 8 Stück:
500 g Mehl, glatt
2 Tl Trockenhefe
1½ Tl Zucker
1½ Tl Salz
Sesam, Mohn oder Röstzwiebeln
Mehl zum Ausarbeiten
Fett und Backpapier für Backblech

Mehl mit Hefe mischen. Zucker, Salz und 340 ml nicht zu kaltes Wasser hinzufügen. 10 Minuten lang mit dem Handmixer zu einem elastischen Teig rühren. Etwas Mehl über den Teig stäuben, ihn abdecken und 40 Minuten gehen lassen.
Den Teig zu acht Kugeln formen und 5 Minuten ruhen lassen. – Das ist wichtig, weil sonst der Teig beim Formen reißt. Die Kugeln zu etwa 25 cm langen Strängen rollen und die Enden miteinander fest verbinden. Auf

ein gefettetes Blech legen und 30 Minuten gehen lassen. Man kann die Kugel aber auch anders zum Bagel formen: Einen bemehlten Finger durch die Mitte der Kugel bohren und das Loch durch kreisende Bewegungen erweitern. Es sollte etwa 4 cm groß sein.
Die Bagels in kochendem Wasser auf jeder Seite 30 Sekunden ziehen lassen. – Das Wasser muss dabei immer sprudelnd kochen. Bagels auf einem Tuch kurz abtropfen lassen.

Die Bagels nebeneinander auf das mit Backpapier ausgelegte Backblech setzen.
Nach Belieben mit grobem Salz, Sesam, Mohn oder Röstzwiebeln bestreuen.
Bei ca. 225 Grad etwa 20 Minuten backen.
Nicht mehr ganz frische Bagels quer durchschneiden und toasten!

Klassisch werden die Bagels mit Doppelrahmfrischkäse bestrichen und mit Räucherlachsscheiben belegt. Mit frischem Dill und weißem Pfeffer würzen.

D

Gleich ums Eck von unserer venezianischen Sommerwohnung gab es herrliche Bäckereien, Trattorien, Pizzerien; kurz gesagt: ein Eldorado für Feinspitze. Jeden Tag hätte man neue Köstlichkeiten ausprobieren können. Hätte. Ich habe. Nicht so meine Kinder. Die reagierten nämlich wie Verdurstende beim Anblick einer Oase angesichts der auch in Venedig unvermeidlichen McDonald's-Filiale. Sie waren überglücklich, erleichtert, der Urlaub war bereits halb gerettet. Meiner Sturheit ist es zu verdanken, dass Boris und Paul während ihres zwölftägigen Aufenthalts in der Lagunenstadt nur sechs Mal Cheeseburger mit Pommes frites verzehrten statt des von ihnen angepeilten runden Dutzends. – Und zwar mit einer erstaunlichen, bereits ans Missionarische grenzenden Begeisterung, die jener gestandener Gourmets wie Siebeck oder Biolek um nichts nachstand.

»Mmmh, wie sich der Käse zart um das Fleisch schmiegt. Mama, koste, das schmeckt sooo gut! Und die Pommes – es gibt keine besse-

ren, so knusprig und gar nicht fett. Nur das Ketchup ist ein bisschen zu sauer.« Und zum Abschluss noch ein McFlurry. »Ja, ja – das italienische Eis ist weltberühmt, schmeckt uns eh, Mama. Aber koste doch diesen McFlurry – wie crunchy doch die M+Ms sind und wie interessant die Kombination mit dem cremigen Vanilleeis.«

Diese Kinder! Dabei habe ich meine Ansprüche im Laufe der Jahre bereits auf ein pragmatisches Minimum runtergeschraubt. Ich bin schon stolz, wenn sie bei der Standardpizza noch eine weitere, neue Auflage probieren. Meist wird mein Ansinnen sowieso abgeschmettert. – »Thunfisch? Mama! Fische sind doch meine Lieblingstiere! Kapern? Bö, die haben einen grauslichen Nachgeschmack! Nein, Zucchini schmecken mir gar nicht. Salami? Ja, geht, aber nächstes Mal wieder nur mit Mozzarella, bitte.«

Nudeln werden prinzipiell entweder nur mit Fleischsauce oder ganz natur gegessen. »Mama, was stinkt da so? Musst du dir diesen widerlichen Käse darüber reiben? Was ist das, ein alter Pecorino? Ein Schafskäse? Das ist ja ätzend, wie der riecht. Du wirst genau so aus dem Mund stinken.«

Man muss gute Nerven haben und den Mut eines Widerstandskämpfers, um dem Essensdiktat der lieben Kleinen zu entkommen. Boris bestraft mich mit einem vernichtenden Blick, wenn ich Tintenfisch, Langusten oder sonstige Meeresbewohner essen möchte. Sofort lande ich in seiner Werteskala ganz unten, gleich neben den japanischen Walfängern und Robbenschlächtern. – »Weißt du denn nicht, dass wir Menschen die gesamte Fischpopulation in den Weltmeeren ausrotten?« – »Ja, Boris, aber Fisch ist gesund und ich esse in Maßen.«

Natürlich könnte ich nun als Gegenargument die Abholzung des Regenwaldes einbringen, die Platz schafft für McDonald's-Rinderherden. Das wage ich aber nicht. Die Folge wäre eine weitere Speisenverweigerung von Paul, dem Achtjährigen, mit 25 Kilo Lebendgewicht unser Asket in der Familie. Ich bin schon heilfroh, wenn er neben seiner Schale Reis auch noch ab und zu ein paar Bissen Fleisch, und sei es einen Hamburger, runterwürgt.

Selbstverständlich würde ich mir schon schwerste Sorgen machen, gäbe es da nicht einen anscheinend körpergewollten, natürlichen Ausgleich zum institutionalisierten Junk-Food-Verzehr. Boris und Paul lieben üppige, exotische, farbenprächtige, erfrischende Obstteller. Und so ist es uns ein lieb gewordenes Ritual, frische Früchte auf dem Markt zu erstehen, wobei die beiden den Unterschied zwischen sonnengereifter Ware und holländischer Glashauszucht sehr wohl schmecken und dementsprechend rigoros das jeweilige Herkunftsland der Obstsorte hinterfragen. Was hoffen lässt – vielleicht werden die beiden Fast-Food-Monster eines Tages noch begeisterte Gourmets!

Fast Food *für Gourmets*

Im Laufe der Jahre habe ich eine Fertigkeit entwickelt, aus kindgerechten Fast-Food-Speisen mit wenigen Zutaten Abwandlungen zu schaffen, die auch einem erwachsenen Feinspitz schmecken. Es gibt aber auch einige Gerichte, die sowohl den Kindern wie auch mir vorzüglich munden.

SCHWEINEFLEISCHSPIESSE MIT REIS

Die Kinder essen die Spieße nur mit Reis, ich mache mir noch eine leckere Erdnusssauce dazu.

Zutaten für 4 Personen:
400 g Langkornreis
450 g mageres Schweinefleisch

Für die Sauce:
1 El Olivenöl
1 kleine Zwiebel, gehackt
2 Knoblauchzehen, gepresst
½ Tl scharfe Chilisauce
1 El Zucker
2 El Sojasauce
2 El Limonensaft
½ Tl Sardellenessenz
4 El weiche Erdnussbutter

Reis nach Anleitung zubereiten. Nach dem Kochen Topf zudecken und Reis noch fünf Minuten ziehen lassen!
Schweinefleisch in dünne Streifen schneiden und wellenförmig auf 16 Bambusspieße stecken. – Spieße vorher nass machen!
Für die Sauce das Öl in einem Topf erhitzen. Zwiebelstücke dazugeben und glasig dünsten. Alle Zutaten außer der Erdnussbutter

nacheinander beigeben. Kurz köcheln lassen und dann die Erdnussbutter unterrühren.
Grill im Backrohr vorheizen und etwas Sauce über die Schweinefleischspieße geben.
8 Minuten grillen; zwischendurch wenden.
Reis in eine Schüssel geben. Spieße auf das Reisbett legen. Sauce extra reichen.
Dieses indonesische Gericht kann auch mit magerem Rindfleisch, Huhn oder Garnelen zubereitet werden!

FLEISCHLAIBCHEN MIT KARTOFFELPÜREE

Ein klassisches Familiengericht. Ich wandle für mich das Püree etwas ab und verfeinere es mit Sellerie.

Zutaten für 4 Personen:

Für die Laibchen:
400 g gemischtes Faschiertes (Hackfleisch)
1 große Zwiebel, gehackt
Öl
2 Eier
2 eingeweichte und ausgedrückte entrindete Semmeln
Petersilie, gehackt
Majoran
Salz, Pfeffer
Semmelbrösel (Paniermehl)

Für das Kartoffel-Sellerie-Püree:
300 g mehlige Kartoffeln
400 g Sellerieknolle
30 g Butter
¼ l Milch
Salz, frischer Pfeffer
Muskatnuss

Die Zwiebelstückchen in Öl glasig anschwitzen. Faschiertes mit Zwiebelstückchen, Eiern, Semmeln und Gewürzen zu einem geschmeidigen Fleischteig verarbeiten. Kleine Laibchen formen. In Semmelbröseln wälzen und in heißem Öl goldbraun braten.

Für das Püree die Kartoffeln und die Sellerieknolle waschen, schälen und in kleine Würfel schneiden (ca. 2 cm groß). In einen Topf mit Dämpfeinsatz etwas Wasser geben. Die Erdäpfel- und Selleriewürfel darauf legen und zugedeckt aufkochen lassen. Circa 12–15 Minuten dämpfen, bis das Gemüse weich ist.
Das Gemüse in einer Schüssel mit einem Stampfer zerdrücken. Mit einem Schneebesen Butter und Milch unterschlagen. Mit Salz, Pfeffer und Muskatnuss abschmecken.

RINDSSCHNITZEL MIT NUDELN

Für mich gibt es wieder eine Spezialvariante: Ich esse sie gern mit einer Kapern-Rahmsauce, die ich bei den Kindern weglasse.

Zutaten für 4 Personen:
4 dünne Rindsschnitzel
scharfer Dijonsenf
Ketchup
Salz, frischer schwarzer Pfeffer
Öl
Spiralnudeln

Für die Sauce:
½ l Suppe
⅛ l Sauerrahm
etwas Mehl
Kapern

Die Schnitzel vorsichtig platt machen. – Ich mag sie hauchdünn am liebsten. Mit Senf und Ketchup bestreichen. Mit Salz und Pfeffer nach Geschmack würzen. Öl in einer Pfanne erhitzen und die Schnitzel beidseitig kräftig anbraten. Schnitzel herausnehmen. Bratenrückstand mit Suppe ablöschen und mit Küchenbesen aufquirlen. Anschließend durch ein Sieb zu den Schnitzeln gießen. Topf zudecken und Schnitzel langsam weich dünsten. – Mindestens eine halbe Stunde! Immer wieder Suppe nachgießen. Die Schnitzel sollen aber dünsten, nicht kochen, also nicht zu viel Flüssigkeit verwenden.
Sauerrahm, Senf und Kapern mit Suppe sämig rühren. – Falls die Mischung zu flüssig wird, mit etwas Mehl verdicken.
Schnitzel rausnehmen und das Rahmgemisch in die restliche Dünstflüssigkeit einrühren. Abschmecken. Mit Spiralnudeln servieren.

LASAGNE MIT MOZZARELLA UND TOMATEN

Zutaten für 4 Personen:
1 Packung Lasagneblätter
750 g Mozzarella, in feine Scheiben geschnitten
3 El Olivenöl
3 Knoblauchzehen, fein gehackt
Meersalz
½ Tl Chilischoten, zerstoßen

800 g Dosentomaten
250 ml Obers (Sahne)

Öl, Knoblauch, Salz und Chilischoten in einen großen Topf geben und mit Öl überziehen.
Herd aufdrehen und alles 2–3 Minuten erhitzen, bis der Knoblauch eine goldene Farbe hat. Die Dosentomaten mit einer Gemüsemühle in den Topf passieren. Unbedeckt ca. 15 Minuten köcheln lassen, bis die Sauce dicklich ist. Obers dazugeben; umrühren und noch eine Minute erhitzen. Abschmecken.
Lasagneform mit ca. 125 ml der Sauce bedecken. Lasagneblätter darauf legen. Auf diese eine Schicht Mozzarella geben. Sauce darüber streichen. Dann wieder Lasagneblätter, Mozzarella, Tomatensauce, Lasagneblätter. Obenauf nur noch Mozzarella legen.
Die Form in die Mitte des Ofens geben und etwa 30 Minuten backen, bis der Käse geschmolzen ist. Vor dem Anschneiden 10 Minuten ziehen lassen.

ARME RITTER MIT MARILLENKOMPOTT

Diese Speise ist fast schon in Vergessenheit geraten. Sie sollten sie aber unbedingt einmal probieren!

Zutaten für 4 Personen:
½ l Milch
2 Eier
1 El Zucker
kleine Weißbrotscheiben oder Toast
Semmelbrösel (Paniermehl)
reichlich Butter

Zimt-Zucker-Mischung
Für das Marillenkompott:
½ kg Marillen
3 El Zucker

Die Milch mit den Eiern und dem Zucker versprudeln. Das Weißbrot oder den Toast in die Mischung tauchen und sich vollsaugen lassen. Mit Semmelbröseln panieren und in reichlich heißer Butter goldbraun backen. Mit der Zimt-Zucker-Mischung bestreuen.

Marillen entkernen und in wenig Wasser mit Zucker auf kleiner Flamme weich kochen.

Ebenfalls hervorragend passt zu den Armen Rittern eine Kugel Vanilleeis.

BANANENTOPFEN

Als zweiter Gang nach einer köstlichen Suppe ist diese Speise den Kindern ein willkommenes Mittagsgericht, speziell im Sommer.

Zutaten für 3–4 Personen:
3 reife Bananen
Zitronensaft
12 dag Topfen (Quark)
⅛ l Sauerrahm
¼ l Joghurt
Zucker
Vanillezucker

Bananen zerquetschen; mit Zitronensaft beträufeln und mit den übrigen Zutaten zu einer Creme verrühren.

GEBACKENE APFELSPALTEN

Dieses Gericht haben meine Kinder am liebsten bei meiner Mutter gegessen. Nach ihrem Tod habe ich seine Zubereitung gelernt. Es ist eine leichte Mittagsspeise oder ein ideales Abendessen.

Zutaten für 4 Personen:
5–6 säuerliche Äpfel
2–3 El Zitronensaft
120 g Zucker
Zimt
2–3 Tl Rum
200 g Mehl
¼ l helles Bier
Salz
50 g Butter
2 Eier
Butterschmalz

Die Äpfel schälen und die Kerngehäuse ausstechen. Die Äpfel in 1 cm dicke Scheiben schneiden. Zitronensaft mit 20 g Zucker und Rum verrühren. Den Saft über die Äpfel gießen und diese 30 Minuten ruhen lassen.
Für den Bierteig das Mehl mit dem Bier, dem restlichen Zucker und einer Prise Salz glatt rühren. 20 Minuten quellen lassen.
Butter zerlassen und abkühlen lassen. Die Eier trennen. Eiweiß schlagen. Dotter und Butter zum Teig dazugeben. Schnee unterheben.
Butterschmalz in einer Pfanne erhitzen. Äpfel durch den Bierteig ziehen und auf beiden Seiten goldbraun ausbacken. Auf Küchenpapier entfetten. Anschließend in einer Zucker-Zimt-Mischung wenden. Heiß servieren.

E

Warum gelten kochende Männer als sexy und sinnlich und Frauen am Herd als rückständige Heimchen? – »Was, Sie schreiben ein Kochbuch?«, fragte mich unlängst eine Journalistin, mit unüberhörbarer Süffisanz in der Stimme. »Das wird einige ältere Herren sicher begeistern!«

Die sind aber nicht meine einzige Zielgruppe. Es gibt immer mehr Feinschmecker im Land, Restaurants sind so gut besucht wie noch nie, in Buchhandlungen gibt es eine Riesenauswahl an Kochbüchern – trotzdem reagieren manche meiner Geschlechtsgenossinnen beim Anblick von Frauen am Herd, als wäre ein neues Sklavenzeitalter angebrochen. Ich persönlich bedaure Menschen, die noch nie einen Kochlöffel geschwungen haben. Ich schule meinen Geschmackssinn genauso wie meine anderen Sinne und freue mich, wenn mein Alltagsleben nicht nur durch passiven Konsum geprägt ist. Ein ganz normaler, trüber Oktobertag hat sich beispielsweise bereits ausgezahlt, wenn ich für Freun-

de und Familie eine Kürbissuppe nach den Anleitungen eines Spitzenkochs fabriziere und mich beim Abschmecken überraschenderweise ein genialer Geschmacksblitz streift. Plötzlich ist mir klar, was dieser köstlichen Suppe fehlt, um das Prädikat »Besonders gelungen« zu erringen: eine ordentliche Portion Ingwer. Das ist ein kreativer Prozess, den ich nicht missen möchte. – Ganz selbstverständlich koche ich lieber für Menschen, die ich gern habe, als nur für mich allein. Warum soll es mir keinen Spaß machen, einen Mann mit einem selbst gekochten Mahl zu verwöhnen? Bin ich deshalb bereits ein reaktionärer Dummkopf? Sicher nicht, solange diese Liebesgeste auf Freiwilligkeit beruht und jederzeit verweigert werden kann. Klar verstehe ich, dass anno dazumal in den siebziger Jahren viele Frauen eben diese Form des Protests wählten, weil sie es satt hatten, auf klassische weibliche Aufgaben wie »Kinder, Küche, Kirche« reduziert zu werden.

Wir sind jedoch weit davon entfernt, dass junge Frauen heute wieder in die gefürchtete Heimchenfalle geraten. Kaum eine weiß etwas über Bügeln, Kochen und Nähen. Meine Nichte Martina hat im reifen Alter von 30 ihre erste Torte gebacken, ihre Freundin Ariane schaffte knapp davor ihre persönliche Kirschkuchen-Premiere. Es geht dabei immer um Spaß und nicht um Pflicht. Warum sollten wir Frauen uns wieder freiwillig ausnutzen lassen und unbezahlte Heimarbeit erledigen? Und so wie ich unsere Finanz-Sparefrohs in der Regierung einschätze, werden auch sie nicht die zwei miserabel dotierten Berufe Mutter und Hausfrau finanziell aufwerten. Was ich im Prinzip gar nicht so übel fände. – Aber das ist eine ganz andere Geschichte.

Da meine Kinder sehr gerne süße Hauptmahlzeiten essen, bin ich ein großer Suppenfan. Denn ich serviere Süßspeisen fast immer in Kombination mit einer Suppe. Obwohl ich damit in meiner Schulzeit ziemlich gequält worden bin. Wir haben in der Klosterschule nämlich die Süßspeise immer in den Suppenteller geklatscht bekommen.
So sauber konnte man die dicke Suppe gar nicht aufessen, dass sich die beiden Geschmacksrichtungen nicht auf widerliche Art und Weise miteinander verbunden hätten!
Das kann bei mir zu Hause nicht passieren, weil meine Kinder die meisten meiner Suppen sowieso verweigern!
Eine Ausnahme ist die

RAHMSUPPE

Zutaten für 4 Personen:
¼ l Sauerrahm
3 El Mehl
etwas Wasser
2 Tl Kümmel
½ l Rindsuppe (Fleischbrühe)
4 kleine gekochte Kartoffeln
Salz, Pfeffer, eventuell Muskatnuss

Rahm und Mehl mit Wasser verrühren; Kümmel dazugeben. Mit Rindsuppe aufgießen und alles unter häufigem Rühren kochen lassen.
Kartoffeln in kleine Würfel schneiden; dazugeben und weich kochen. Eventuell mit Stabmixer pürieren.
Als Einlage passen blanchierte Spitzen vom grünen Spargel und Schwarzbrotcroûtons.

Würzen Sie neben Salz und Pfeffer mit Muskatnuss, wenn Sie diesen Geschmack auch so lieben wie ich.

KARTOFFELCREMESUPPE

Dieses Rezept stammt aus dem Gasthaus »Horvath« in der Hamburgerstraße im fünften Wiener Gemeindebezirk. Es ist ein modernes, kleines Restaurant mit schönem Schanigarten bei der U-Bahn-Station Kettenbrückengasse. Besonders gern esse ich dort das viergängige Überraschungsmenü, bei dem mir diese Suppe serviert wurde.

Zutaten für 4 Personen:
500 g mehlige Kartoffeln, geschält und klein gewürfelt
120 g Schalotten, fein gehackt
60 g leicht geräucherter Speck, klein gewürfelt
3 cl Erdnussöl
700 ml Rindsbouillon
400 ml Sahne
2 cl Balsamicoessig
Salz, frischer weißer Pfeffer, Kümmel, Majoran
1 kleines Stück Butter

Speck- und Schalottenstückchen gemeinsam im Fett kräftig anschwitzen. Mit jungem Balsamicoessig ablöschen und mit Bouillon aufgießen. Eine Prise Kümmel dazu. Alles aufwallen lassen. Kartoffeln dazugeben und weich kochen. Sahne und Majoran beigeben und alles einmal gut durchkochen lassen. Mit Salz, Balsamicoessig und Pfeffer abschmecken. Mit einem Stabmixer pürieren. Durch ein Sieb ab-

seihen. Vor dem Servieren mit kalten Butterflocken montieren.

Einlage je nach Geschmack: Kernöl und geröstete Kürbiskerne, geräucherter Fisch, Blutwurst, Geselchtes.
Der Koch vom »Horvath«, Jürgen Wolf, empfiehlt: im letzten Kochviertel frisch geriebenen Ingwer dazugeben!

Wie herrlich Ingwer auch in noch typischeren österreichischen Speisen schmeckt, habe ich bei meiner absoluten Lieblingssuppe entdeckt:

KÜRBISSUPPE MIT INGWER

Zutaten für 4 Personen:
400 g Kürbisfleisch, klein gewürfelt
600 ml Rindsuppe (Fleischbrühe)
40 g Butter
50 g Zwiebel, gehackt
ein bisschen Obers (Sahne)
2 El Kürbiskernöl
Salz, frischer weißer Pfeffer
ein ca. 3 cm großes Stück Ingwer

Butter schmelzen; Zwiebelstücke darin glasig anschwitzen. Kürbisfleisch dazugeben und alles ca. 2 Minuten gut durchrühren. Mit Rindsuppe aufgießen. Circa 15 Minuten kochen, bis der Kürbis weich ist. Mit einem Stabmixer pürieren.
Einen Schuss Obers einrühren. Den geschälten und sehr fein gehackten Ingwer,

Salz und Pfeffer dazugeben. Mit Kernöl beträufeln.

TOPINAMBURSUPPE

Dieselben Zutaten wie bei der Kürbissuppe verwenden, nur statt Kürbisfleisch ca. 500 g Topinambur schälen und klein würfeln. Mit Muskatnuss abschmecken!

ROTE-RÜBEN-SUPPE

Zutaten für 4 Personen:
500 g kleine Rote Rüben, geschält und würfelig geschnitten
¾ l Hühnersuppe oder Gemüsesuppe
¼ l Obers (Sahne)
Salz, frischer Pfeffer
Zucker
frischer Kren

Die Roten-Rüben-Würfel in der Suppe ca. 20 Minuten weich kochen. Mit einem Stabmixer pürieren. Das Obers einrühren.

Erneut erhitzen und mit Salz, Pfeffer und Zucker abschmecken.
Besonders gut schmeckt die Suppe, wenn man sie mit frisch geriebenem Kren serviert!

THAISUPPE

Zutaten für 4 Personen:
2 Zitronengrasstängel
1 kleine Knolle Ingwer
2 Chilischoten
4 Zitronenblätter
400 ml Kokosmilch
100 ml Hühnersuppe oder Gemüsesuppe
Salz, Zucker
1 El Fischsauce oder, falls nicht vorhanden,
1 Scheibe Räucherlachs
4 El leicht geschlagenes Obers (Sahne)
2 El Kokosraspel

Zitronengrasstängel in Stücke schneiden und flach klopfen. Mit dem fein gehackten Ingwer, den klein geschnittenen Chilischoten und den Zitronenblättern in einen Topf geben. Mit Kokosmilch und heißer Suppe aufgießen und ca. 5 Minuten köcheln lassen. Durch ein Sieb in einen anderen Topf gießen; erhitzen, mit Fischsauce, Salz und Zucker würzen und aufkochen lassen. Mit einem Stabmixer pürieren. Leicht geschlagenes Obers unterrühren.

GARNELENSUPPE

Diese Suppe wurde in Europa auch als so genannte »Anti-Krebs-Suppe« bekannt. Auf jeden Fall ist sie wohltuend und macht müde Geister munter!

Zutaten für 4 Personen:
400 ml Fischfond oder leichte Hühnersuppe
1 kleine Knolle Ingwer, in dünne Scheiben geschnitten oder fein gehackt
1 Schalotte
1 kleine Chilischote
1 Stängel Zitronengras
200 g rohe Garnelen, am besten noch mit Schale
100 g asiatische Pilze, Ersatz: Champignons
1 unbehandelte Zitrone oder Limone
3–4 Zweige Koriandergrün
2–3 El Sojasauce

Fischfond mit 100 ml Wasser aufkochen lassen oder Hühnersuppe erhitzen. Ingwer schälen und zerkleinern. Schalotte fein hacken. Chilischote in kleine Stücke teilen. Zitronengras putzen und in etwa 2 cm lange Stücke schneiden. – Dabei nur die zwiebelartig verdickten unteren Enden verwenden. Alles in die Suppe geben und diese zugedeckt bei mittlerer Hitze etwa 10 Minuten köcheln lassen. In der Zwischenzeit die Garnelen bis auf das Schwanzende aus der Schale brechen, halbieren und entdarmen. Die Pilze putzen und vierteln. Saft von einer halben Zitrone auspressen; die andere Hälfte in hauchdünne Scheiben schneiden. Koriandergrün waschen und die Blätter runterzupfen. Garnelen, Pilze, Limettenscheiben und -saft sowie die Sojasauce in die Suppe geben. 3 Minuten sanft mitköcheln lassen. Suppe heiß servieren.

PASTA E FAGIOLI

Die Italiener bereiten diese Suppe aus frischen Bohnen zu, was natürlich unver-

gleichlich gut schmeckt. Man kann aber auch eine schnelle Variante aus Dosenbohnen machen.

Zutaten für 4 Personen:
330 g Borlottibohnen
100 ml Olivenöl
2 Zwiebeln, fein gehackt
2 Tomaten, geschält und grob zerkleinert
je 1 Tl frischer Thymian und Rosmarin
1 Knoblauchzehe, gehackt
30 g Tagliatelle
Salz, frischer weißer Pfeffer

Die Bohnen über Nacht in viel kaltem Wasser einweichen und in einem Sieb abtropfen lassen. Anschließend in einem großen Topf mit 3 Litern Wasser, 3 El Olivenöl, Zwiebel- und Tomatenstücken auf kleiner Flamme etwa 3 Stunden köcheln lassen. (Dosenbohnen brauchen nur eine Viertelstunde. Frische Bohnen müssen erst weich gekocht werden.) Zwei Drittel der Bohnen herausfischen und mit einem Stabmixer pürieren. Anschließend das Püree wieder in die Suppe rühren. Mit viel Salz und Pfeffer abschmecken.
Das restliche Öl in einer kleinen Pfanne erhitzen. Thymian, Rosmarin und Knoblauch einrühren. Circa 3–4 Minuten anschwitzen, damit das Öl die Aromen annimmt. Öl durch ein Sieb in die Suppe gießen. Anschließend die Tagliatelle in Stücke brechen und in die Suppe streuen. Unter ständigem Rühren (!) etwa 4 Minuten weich kochen. Falls nötig, nochmals nachwürzen. Heiß servieren.

Da es sich um ein langwieriges Gericht handelt, sollte man unbedingt mehr davon machen und den Rest einfrieren.

F

Ich werd immer dicker, das geht so nicht. Ab morgen esse ich kein Frühstück mehr.« Seufzend greift mein geliebter Lebenspartner auf den Hosenbund und ich stehe da mit den frischen Semmeln, Salzstangerln und Laugenkipferln. Es ist immer dasselbe: Essen, gleich nach Sex die schönste Form zwischenmenschlicher Kommunikation, hat einen riesigen Pferdefuß: Nach überreichlichem Genuss gehen Mann und Frau unübersehbar aus dem Leim. Und da kann es noch so viele Kampagnen nach dem Motto »Mollig ist schön« geben, Dicke sind in unserer Gesellschaft Außenseiter und werden mehrheitlich als hässlich und unmäßig abqualifiziert. Also ist der ständige Begleiter eines üppigen Mahls das schlechte Gewissen, welches nur durch ausgiebiges Fasten verringert werden kann.

Wobei uns der Körper in diesem Fall nicht einmal intuitiv sagt, was das Richtige für ihn ist. Denn es fällt gemeinerweise immer morgens nach dem Aufstehen am leichtesten, auf eine Mahlzeit zu verzichten.

Ein Schluck Tee, ein kleiner Apfel – herrlich, heute lege ich einen Fasttag ein. So weit der gute Vorsatz. Zu Mittag spüre ich dann schon leichtes Bauchgrummeln, was ich vielleicht noch mit zwei, drei Gläsern Mineralwasser wegspülen kann. Am Nachmittag lange ich bereits ein paar Mal in das Kekssackerl des Arbeitskollegen, der dummerweise nicht am selben Tag beschlossen hat, eine Diät zu beginnen. Ganz schlimm wird es nach Feierabend. Arbeit lenkt nicht mehr ab, Fernsehen ist sowieso appetitanregend, und auf irgendetwas muss sich der Mensch doch freuen, wenn er sich schon den ganzen Tag gequält hat. Also beginnt eine nervöse Schnüffelaktion in der Küche. Der Kühlschrank und die Vorratskammer werden durchsucht, die Brotdose wird inspiziert und eins, zwei, drei – ehe ich mich versehe –, habe ich mir schon drei herrlich große Sandwiches zubereitet. Schließlich hab ich mir ja den ganzen lieben langen Tag lang nichts gegönnt. Im Prinzip richtig, aber doch ganz falsch. Hätte ich mit Disziplin die umgekehrte Reihenfolge eingehalten – hätte ich also den Tag mit einem Sandwich begonnen und mit einem Apfel beendet –, säße ich garantiert mit einem lockeren Hosenbund auf der Fernsehcouch. So aber spannt und zwickt er mich bereits unangenehm und mein vorhin erwähnter ständiger Begleiter beim Essen raunt mir zu: »Blöde Kuh, hast dich schon wieder nicht zurückhalten können!«, worauf ich mir trotzig noch ein Vierterl gönne.

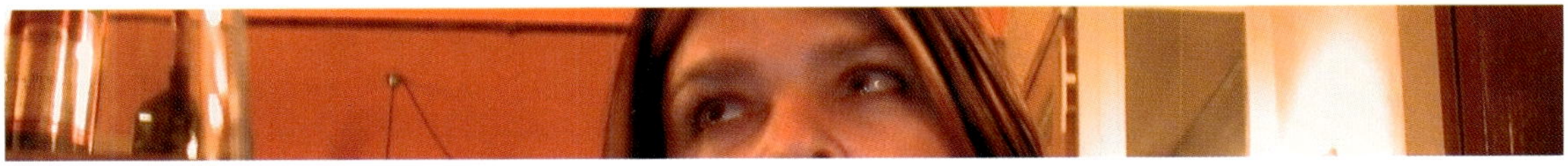

ROHER-SPARGEL-SALAT

Zutaten für 4 Personen:
500 g grüner Spargel
2 Fleischtomaten
1 Bund Schnittlauch
2 Tl Apfeldicksaft
1 El Apfelessig
4 El gutes Öl, z. B. Traubenkernöl
Salz, frischer grüner Pfeffer
Basilikum
Pistazienkerne

Tomaten schälen, achteln, die Kerne entfernen und die Tomatenstücke in Würfel schneiden. Schnittlauch in feine Röllchen schneiden. Dicksaft mit Essig, Salz und Pfeffer aufschlagen und mit einem Schneebesen das Öl einrühren. Tomaten und Schnittlauch untermischen. Den Spargel putzen und grobe Enden entfernen. In ca. vier schräge dünne Scheiben schneiden. Ebenfalls mit dem Dressing vorsichtig vermischen.
Basilikumblätter und grob gehackte Pistazienkerne über den Salat streuen und rasch servieren.
Eine Portion hat ca. 250 Kalorien. – Verzichten Sie auf Brot dazu, nehmen Sie sich lieber eine zweite Portion!

MINESTRONE

Zutaten für 4 Personen:
300 g fest kochende Kartoffeln, geschält und klein gewürfelt
1 Lauchstange, in Ringe geschnitten
200 g Zucchini, klein geschnitten
200 g Karotten, in Scheiben geschnitten
1 Fenchelknolle, in kleine Stücke geschnitten

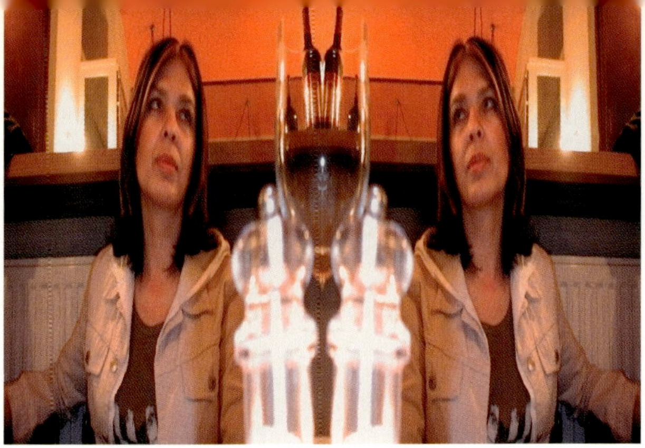

400 g Tomaten, enthäutet und in kleine Würfel geschnitten
1 Zwiebel, fein gehackt
2 El Olivenöl
1 l heiße Gemüsesuppe aus Biowürfeln
1 Bund Basilikum
Salz, frischer schwarzer Pfeffer
Parmesan oder alter Pecorino, gerieben

Öl erhitzen. Zwiebel darin glasig dünsten. Fenchel, Karotten, Lauch und Zucchini leicht anschwitzen. Die Suppe darüber gießen. Die Tomaten und die Kartoffeln in die Suppe geben und ca. 20 Minuten zugedeckt bei mäßiger Hitze köcheln lassen.
Basilikum waschen, abtrocknen und in kleine Stücke zupfen. In die Suppe rühren. Diese abschmecken und mit Parmesan oder Pecorino bestreut servieren.
Ein großer Teller hat ca. 400 Kalorien.

ASIATISCHER GEMÜSETOPF

Zutaten für 4 Personen:
1–2 Chilischoten, klein geschnitten
2 Knoblauchzehen, fein gehackt
1 kleine Ingwerknolle, geschält und fein gehackt
4 Frühlingszwiebeln, in feine Ringe geschnitten
200 g Zuckerschoten, in kleinere Stücke geschnitten
300 g Karotten, in möglichst feine Streifen geschnitten (ich schneide das mit dem Gemüseschäler)
150 g Sojabohnenkeimlinge
2 El Sesamöl
1 Dose Kokosmilch
2 Tl Currypaste
5 El Sojasauce
Salz
frisches Koriandergrün

Öl in einem Wok erhitzen. Knoblauch, Ingwer und Chili leicht anbraten. Zuckerschoten und Karotten dazurühren. Ca. 3 Minuten anbraten. Frühlingszwiebel dazugeben; glasig braten. Mit Kokosmilch aufgießen. Currypaste dazurühren und Sojasauce untermengen. Mit Salz abchmecken. Alles aufkochen lassen. Am Schluss die Sojabohnenkeimlinge untermischen und noch eine Minute kochen lassen. Koriander grob hacken, über das Gemüse streuen und Gericht servieren. Eine Portion hat nur 240 Kalorien!

STEIRISCHE TOSKANA-PFANNE MIT NATURREIS

Dieses Gericht habe ich so genannt, weil es mich an die Südsteiermark erinnert.

Zutaten für 4 Personen:
1 kg Kürbis, geschält und entkernt
4 El Olivenöl
200 g Naturreis
½ l Gemüsesuppe
1 Bund Frühlingszwiebeln, in Ringe geschnitten
2 kleine Chilischoten, fein zerkleinert
2 Knoblauchzehen, fein gehackt
Weintrauben nach Belieben
Curry
Salz, schwarzer Pfeffer
Kürbiskerne

Kürbis würfeln und in ca. einem Viertelliter leicht gesalzenen Wasser ca. 10 Minuten dünsten lassen; den Topf unbedingt zudecken! Abseihen und den Sud aufheben. 2 El Öl in einer Pfanne erhitzen. Chili, Knoblauch und Zwiebeln darin anbraten. Mit Curry

bestäuben und Kürbissud darüber gießen. Weintrauben und Kürbis in die Pfanne geben; mit Salz und Pfeffer würzen und bei schwacher Hitze ca. 10 Minuten köcheln lassen. Parallel dazu Reis in 2 El Olivenöl anschwitzen; mit Gemüsesuppe aufgießen und zugedeckt ca. 30 Minuten al dente garen. Kürbisgemüse und Reis vermischen und mit Kürbiskernen garnieren.
Eine Portion hat ca. 500 Kalorien, sättigt aber hervorragend.

CHINAKOHLRÖLLCHEN

Chinakohl ist ein Gemüse, das in den letzten Jahren ein stiefmütterliches Dasein geführt hat. Ich habe ihn jetzt wieder entdeckt und finde, dass er sich gut mit anderen Zutaten kombinieren lässt.

Zutaten für 4 Personen:
ca. 300 g zarte Blätter vom Chinakohl
1 Zwiebel, fein gehackt
400 g Champignons oder Eierschwammerln (Pfifferlinge), blättrig geschnitten
100 g Sojabohnenkeimlinge
8 El Kresse, zerkleinert
80 g Butter
50 g Käse, gewürfelt
200 g Obers (Sahne)
½ Tl Instantgemüsepulver
Meersalz, frischer weißer Pfeffer
8 Zahnstocher

Die Chinakohlblätter waschen und abtupfen. Auf ein Küchenbrett legen. Für ein Röllchen sollte man zwei bis drei Blätter überlappend knapp nebeneinander legen. Für vier Portionen braucht man also zwischen 16 und 24 Blätter.

Die Zwiebelstücke in der Hälfte der Butter glasig dünsten. Dann die Pilze und die Sojasprossen dazugeben. 5 Minuten dünsten und dabei immer wieder umrühren. Mit Salz und Pfeffer würzen und den Käse untermischen.
Die Mischung auf das erste Drittel der Chinakohlblätter legen und die Blätter von dieser Seite aus vorsichtig rollen. Mit einem Zahnstocher feststecken.
Die Röllchen in der restlichen Butter von allen Seiten vorsichtig dünsten. Deckel über die Pfanne geben und ca. 5 Minuten schmoren lassen. Wenden. Das Obers dazugießen und mit dem Instantgemüsepulver abschmecken. Alles etwa 5 Minuten schmoren lassen. Mit Kresse garnieren und servieren.
Eine Portion hat ca. 450 Kalorien.

PETERSFISCH IM TEEDAMPF, MIT MINZE-CHINAKOHL

Dieses Gericht stammt von Markus Mraz. Er führt im 20. Bezirk in Wien ein herrliches Restaurant mit angenehmem Gastgarten.

Zutaten für 4 Personen:
60 dag Petersfischfilet oder Seelachsfilet
Tee, am besten einer mit intensivem Rauchgeschmack
Butter
Minze, in Streifen geschnitten
Chinakohlblätter, ebenfalls in Streifen geschnitten
Apfelessig
Zitronensaft
Meersalz, frischer weißer Pfeffer

Fisch salzen, pfeffern und mit Zitronensaft beträufeln.
Nicht allzu viel Wasser in einem Topf zum Kochen bringen. Die Teeblätter einstreuen. Ein Lochblech reinstellen und den Fisch auf den Einsatz legen. Zudecken und ca. 5 Minuten dämpfen.
Minze- und Chinakohlstreifen in heißer Butter schwenken. Mit Salz, Pfeffer und Apfelessig abschmecken.
Falls Sie sich etwas mehr Kalorien leisten können, passt hervorragend Kartoffelpüree dazu.
Eine Portion ohne Püree hat nur ca. 260 Kalorien.

SALTIMBOCCA MIT GEMÜSE

Zutaten für 4 Personen:
4 dünne Kalbsschnitzel
4 dünne Scheiben Parmaschinken oder Bresaola
2 Tl Zitronensaft
frischer Pfeffer, Meersalz
Salbeiblättchen
50 g Butterschmalz
4 Zahnstocher

Für das Gemüse:
500 g Spargel
300 g Zuckerschoten
Meersalz, frischer weißer Pfeffer
40 g Butter
frische Kräuter nach Belieben

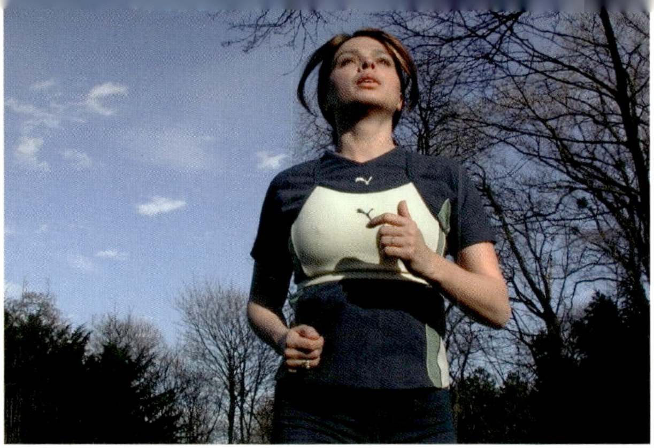

Spargel waschen, putzen, schälen und die dicken Enden wegschneiden. Die Stangen in etwa 10 cm lange Stücke schneiden. Stielansatz von den Zuckerschoten entfernen.
Spargel in Salzwasser bei mäßiger Hitze 10 Minuten kochen. Butter in einer Pfanne erhitzen und Schoten ebenfalls bei mäßiger Hitze 5–10 Minuten dünsten; dabei immer wieder umrühren. Spargel aus dem Wasser nehmen und zu den Zuckerschoten geben. Gemüse würzen und mit den fein gehackten Kräutern abschmecken. Gemüse warm stellen.

Kalbsschnitzel vorsichtig klopfen; mit Zitronensaft einreiben und würzen.
Auf jedes Schnitzel ein Salbeiblättchen legen; darüber eine Scheibe Bresaola geben und beides mit einem Zahnstocher an dem Fleisch befestigen.
In einer Pfanne Butterschmalz erhitzen.
Die Schnitzel auf jeder Seite ca. 3 Minuten anbraten. Zusammen mit dem Gemüse servieren.
Eine Portion hat ca. 470 Kalorien.

G

Sally Hooks und Johannes Mario Simmel haben meine Liebe zum Kochen geweckt. Simmel gab den eigentlichen Anstoß, und Sally führte mir vor, wie viel Spaß und Freude das Werken in der Küche machen kann. Simmels Klassiker »Es muss nicht immer Kaviar sein« war das erste »Erwachsenenbuch«, das ich nach meiner Nesthäkchen-, Trotzkopf- und Gulla-Phase in die Hände bekam. Und es war ein idealer Einstieg in die verlockende Welt der Belletristik, ein perfekter Nährboden für eine Leseratte wie mich. – Anscheinend bin ich ein außerordentlich praktischer Mensch. Denn ich mag Dinge, die eine Doppelfunktion erfüllen. Eindimensionales liegt mir nicht. Betten sollten nach Möglichkeit eine Lade haben, der Schreibtisch im Kinderzimmer lässt sich mit wenigen Handgriffen zum Gitterbett umbauen, und besonders stolz bin ich auf einen Küchenschrank mit integrierter Brotschneidemaschine. Jeder Mensch hat einen Tick, ich fahre halt auf solche Dinge ab.

Wohnsitz der Familie Hooks, Long Island

Simmels »Es muss nicht immer Kaviar sein« ist nicht nur ein überaus spannender Agentenroman, sondern auch ein herrliches Kochbuch. Denn der Held – ich glaube, er heißt Thomas Lieven – ist ein passionierter Schürzenjäger und -träger, sein Refugium nach überstandenen Abenteuern ist der Platz am Herd. Hier kann er am besten nachdenken, kombinieren und mitunter sogar Rätsel lösen. Mit Leidenschaft habe ich es diesem Thomas gleichgetan und das eine oder andere Rezept prompt nachgekocht.

Mit 16 war mir mein Pendlerleben zwischen Klosterschule in Wien und Dorfidylle in Niederösterreich so langweilig geworden, dass ich mich um ein Auslandsstipendium bei AFS bewarb. Ich bestand den Aufnahmetest und wurde zu einer Familie in New York geschickt. Familie Hooks lebte in einem typisch amerikanischen Doppelgaragenhaus mit großem Garten auf Long Island. Kenneth war Planungsingenieur von Atomkraftwerken, Ehefrau Sally, studierte Chemikerin, schupfte den Haushalt und zog ihre beiden Kinder Bob und Beth zu anständigen amerikanischen Bürgern groß. Sally war eine sehr intelligente und ehrgeizige Frau, die das Dasein als Hausfrau und Mutter ziemlich unterforderte. Das war kein Einzelschicksal. Sallys Freundinnen engagierten sich in Wohltätigkeitsvereinen, beim Segeln, Surfen und Golfen; Sally lebte sich in der Küche und in diversen Supermärkten aus. Freudestrahlend kutschierte sie vormittags in ihrem weinroten Chevrolet Caprice die Zutaten für mehrgängige Abendmenüs nach Hause. Mittags ließ sie sich von diversen Kochsendungen im Fernsehen inspirieren, um ab 15 Uhr loszulegen. Dann wurde gerührt, geklopft, gehackt und gezupft, Düfte verbreiteten sich im ganzen Haus, in diversen Töpfen brodelten und köchelten verlockende Speisen. Die Katzen und wir anderen Hausbewohner schlichen neugierig um Sally herum; ab und zu durften wir probieren oder Teig schlecken. Sallys Wangen glühten, ihre Augen strahlten, sie war in ihrem Element. Jeder sah, wie viel Spaß es ihr machte, und das übertrug sich auf uns alle. Das Haus hatte »good vibrations«, wie es die Beach Boys ausdrücken. Um 18 Uhr holte Sally ihren Kenneth von der Bahnstation ab. Der gönnte sich noch einen Whiskey on the Rocks, und ab 19 Uhr versammelten wir uns am Küchentisch. Sally genoss es sichtlich, wenn wir es uns schmecken ließen und jeder über seinen Tag plauderte. Sie hörte zu, gab Ratschläge und engagierte sich für jedes noch so kleine Problem von uns. Sie hielt diese Familie lebendig und schenkte uns allen ein wunderbares Zuhause.

12 Conolly Rd., Huntington

Als ich sechs Jahre später wieder einmal auf Besuch nach Amerika kam, war alles anders. Sally hatte einen Job in einem großen Konzern und kletterte die Karriereleiter stetig nach oben. Kenneths Firma steckte in einer schweren Krise, die Vereinigten Staaten investierten immer weniger Geld in den Bau von Atomkraftwerken. Wenn Kenneth um 18 Uhr nach einem sorgenvollen, weil wenig ereignisreichen Tag in Huntington aus dem Zug stieg, erwartete ihn keine Sally, denn die kam erst eine Stunde später nach Hause. Daheim war die Küche dunkel und kalt. Im Kühlschrank stapelten sich die Fertiggerichte. Am öftesten fand nun der Mikrowellenherd Verwendung.

Sally erzählte wenig von ihrer Arbeit, denn Kenneth mochte das nicht. So schwiegen sich die beiden vor dem Fernsehapparat an, keiner schenkte dem laufenden Programm Beachtung, jeder war in seiner Gedankenwelt, das Eheleben war an einem Tiefpunkt angelangt. Drei Jahre später war es zu Ende.

Sally und Kenneth leben nun getrennt. Ab und zu kocht Sally auf wie in den guten alten Zeiten, meist speist sie nun aber in feinen Business-Restaurants in Manhattan. Ihr Alltag ist harmonisch und erfüllt, weil sie gelernt hat, mehrere Leben nebeneinander zu meistern: als Mutter, Köchin, Haushälterin, Chauffeurin, Seelendoktorin, Geliebte und Geschäftsfrau.

Und Kenneth? Er fühlt sich wie ein halber Mensch und sucht noch immer nach einer halbwegs idealen Partnerin, die ihm das ansatzweise gibt, was ihm Sally jahrelang uneigennützig geschenkt hat: eine heimelige Küche.

CLAM CHOWDER

Ein Klassiker von der Ostküste der USA. Die speziellen Chowder-Muscheln sind bei uns wahrscheinlich nicht zu bekommen, also mache ich das Gericht hier mit europäischen Venusmuscheln.

Zutaten für 4 Personen:
3 kg Venusmuscheln
100 g durchwachsener Speck, roh geräuchert
100 g Zwiebeln, fein gehackt
150 g Karotten, klein gewürfelt
70 g Lauch, in dünne Ringe geschnitten
100 g Stangensellerie, in Scheiben geschnitten
100 g Mais
500 g geschälte fest kochende Kartoffeln, groß gewürfelt
40 g Butter
40 g Mehl
¾ l Milch
⅛ l Obers (Sahne)
Salz, frischer Pfeffer
frische Kräuter

Muscheln unter fließendem Wasser abbürsten und abtrocknen. Jede Muschel fest in die Hand nehmen. Klinge eines stabilen Messers vorne in die Schale schieben und das Messer drehend weiterführen; Muschel dabei waagrecht halten. Muschelflüssigkeit auffangen. Muskelfleisch auslösen und kalt stellen.
Den klein gewürfelten Speck mit der Butter anbraten. Die Zwiebeln glasig dünsten, mit Mehl stauben und hell anschwitzen. Mit der Muschelflüssigkeit ablöschen. Milch unter ständigem Rühren dazugießen. Alles bei mittlerer Hitze zum Kochen bringen.

Nie mehr Schule! Graduation 1979

Karotten, Kartoffeln und Maiskörner einrühren und alles 20 Minuten köcheln lassen. Stangensellerie, Lauch und Muskelfleisch dazugeben und wieder 10 Minuten köcheln lassen. Das Obers unter die Suppe rühren; würzen. Mit gehackten frischen Kräutern garniert servieren.

CORN-FRITTERS

Mit dieser Beilage werden Sie sicher Eindruck schinden. Ich habe sie in Europa noch nie bekommen und auch in den Vereinigten Staaten wird sie in Restaurants selten angeboten. Ich mache sie gern zu kurz gebratenem Fleisch.

Zutaten für 4 Personen:
600 g Maiskörner
225 g Mehl
200 ml Milch
2 Eier
1 Tl Salz, etwas Zucker
1 Tl Backpulver
Öl zum Frittieren

Milch, Eier und Mehl vorsichtig zu einem zähflüssigen Teig verarbeiten. Die Maiskörner unterheben. Würzen. Zum Schluss das Backpulver dazugeben. In einem hohen Topf reichlich Öl erhitzen. Einen Suppenlöffel von der Teigmasse in das heiße Öl gleiten lassen und goldbraun backen.

Dinner bei Hooks, Sommer 1978

CABBAGE-BURGER

Eine Alternative zu den herkömmlichen Hamburgern, die meist auch Kindern schmeckt!

Zutaten für 4 Personen:
500 g gemischtes Faschiertes (Hackfleisch)
750 g geschnittenes Weißkraut
1 Zwiebel, fein gehackt
Salz, frischer Pfeffer
375 ml Wasser
Öl

Für den Teig:
70 g Germ
2 Tl Zucker
60 ml warmes Wasser
180 ml Milch
Salz
etwas Margarine
500 g glattes Mehl

Das Faschierte wird in einer Pfanne mit heißem Öl angebraten. Nach ca. 5 Minuten gibt man die Zwiebel und das Kraut dazu. Diese Masse wieder etwa 5 Minuten anbraten. Danach mit Salz und Pfeffer abschmecken. Wasser dazugießen. Circa 20 Minuten dünsten, bis das Wasser verdampft ist. Kühl stellen.

Für den Teig Germ und Zucker mit dem warmen Wasser verkneten. 5 Minuten ruhen lassen. Die Milch – die knapp zum Kochen gebracht und dann auf lauwarm abgekühlt wurde –, Salz und Margarine einarbeiten. Dann nach und nach das Mehl einrühren. Den Teig auf bemehlter Unterlage kneten, bis er elastisch ist. In einen Topf geben und mit einem feuchten Tuch zudecken. Den Teig 30 Minuten ruhen lassen, bis er den doppelten Umfang hat. Danach auf bemehlter

Abschied von Sally und Bob Hooks, 1979

Unterlage zu einem Rechteck ausrollen. Daraus ca. acht Rechtecke schneiden. Zwei Löffel der Füllung auf den Teig setzen. Teig an den Rändern gut verschließen und mit der Hand zu einem Burger formen.
Auf einem befetteten Backblech weitere 20 Minuten ruhen lassen. Im vorgeheizten Ofen bei ca. 180 Grad ca. 30 Minuten backen.

BROWNIES

Zutaten für 4 Personen:
125 g Butter
120 g Kochschokolade
4 Eier
250 g glattes Mehl
500 g Zucker
1 Messerspitze echte Vanille
etwas Salz

Die Kochschokolade in einem Topf mit der Butter langsam schmelzen lassen; dabei ständig rühren. Die Schokosauce abkühlen lassen. – Wenn man das nicht macht, werden die Brownies trocken!
Die Eier schlagen und eine Prise Salz dazugeben.
In die Eier den Zucker und die echte Vanille einrühren. – Nicht zu kurz mixen, die Masse sollte sehr cremig sein. Nun die Schokosauce mit kräftigen Handbewegungen in die Eiercreme einarbeiten. Bevor die Masse gleichmäßig braun geworden ist, wird das Mehl eingearbeitet. Den fertigen Brownie-Teig in eine Lasagne-Form gießen und ca. 25–30 Minuten im vorgeheizten Backrohr bei ca. 190 Grad backen.

H

Warum reden die alle hier nur Schrott?« – Mein Freund Niki ist genervt. Wir sind bei einer gemeinsamen Freundin zum Abendessen eingeladen, um uns herum sitzt eine Runde von zwölf Personen. »Dabei hätten die es alle drauf, auch ein interessantes Gespräch zu führen«, beklagt sich Niki. »Warum tun sie es nicht?«

Ja, warum? Bei einem oberflächlichen Smalltalk kann nicht viel schief gehen; ab und zu darf ein Witzchen hervorblitzen, die Mundwinkel sind auf Dauerlächeln programmiert, niemandem wird zu nahe getreten.

Manou beispielsweise jammert, sie bekäme für ihren 16-Stunden-Arbeitstag in einer Werbeagentur viel zu wenig Geld. Ihr männlicher Kollege suche viel seltener die Räumlichkeiten auf und verdiene trotzdem das Dreifache von ihr. Manou wird ausgiebig bedauert, das politische Versagen unserer Gesellschaft wird beklagt (»Dreißig Jahre Sozialdemokratie und noch immer solche geschlechtsspezifischen Ungerechtigkeiten!«) – und dann folgen jede Menge unbrauchbare Tipps

Niki, der Partymuffel

(»Mach dich rarer!«, »Hau auf den Tisch!«, »Dienst nach Vorschrift wäre auch mal angebracht!«). Niemand spricht die Wahrheit aus. »Manou«, müsste man eigentlich sagen, »so lange du so kokett auf Jungmädchen spielst, wird dich niemand für voll nehmen. Alle Chefs werden mit dir flirten, aber keiner wird dich befördern. Höchstens ins Bett.«

Drei Stühle weiter stellt ein nicht mehr ganz junger, aber dafür noch nicht entdeckter Schriftsteller die aktuelle Bestsellerliste zur Diskussion. Haslinger und Jelinek teilen sich die Spitzenplätze mit Harry Potter. »Wer genügend Publizität bekommt, hat's eben leicht«, meint der Schriftsteller mit einem nicht überhörbaren Misston der Verbitterung in der Stimme. »In Zukunft werden die mit dem größten Werbeetat alles abkassieren, egal ob Film, Buch oder CD. Es geht nicht mehr um Qualität.« Zustimmendes Nicken von seiner Tischnachbarin. Damit ist das Thema erschöpft. Kultureller Smalltalk rangiert in der Beliebtheitsskala knapp vor dem Tod. Da ist das Plaudern über Sport, Wetter, Medizin und allen voran Beziehungskisten weitaus beliebter.

Niki klopft genervt auf sein Weinglas. »Ich frag mich, wieso ich hier noch sitze. Es ist verlorene Zeit.« Ich fühle mich sofort auf den Schlips getreten. Hat er mich bei seinem strengen Urteil mit eingeschlossen oder bin ich die rühmliche Ausnahme? Was könnte ich Geistreiches beitragen, um Nikis Stimmung zu heben? Wie immer in solchen Momenten ist mein Kopf unfähig, einen konstruktiven, gesprächsbelebenden Gedanken zu fassen. Mir fallen auch nur Gemeinplätze ein. »Es sind zu viele Menschen da, deshalb bilden sich Einzelgruppen. Und da man sich auf sein unmittelbares Gegenüber nicht den ganzen Abend lang einlassen möchte, führt man nur solche Gespräche, die sofort beendet werden können«, versuche ich entschuldigend zu analysieren.

In Wahrheit sind Niki und ich die Partymuffeln. Denn nicht nur mein geliebter Lebensabschnittspartner amüsiert sich prächtig. Er fotografiert und provoziert die Runde zu ausgelassenen Posen vor der Kamera. Der Gastgeber spielt Ernst August und lässt die Hose runter. Der Schriftsteller zieht sich mit der Nachbarin in trauter Zweisamkeit auf die Couch zurück. Manou becirct nun Niki, der plötzlich jegliche Unzufriedenheit vergessen zu haben scheint. Und der Gastgeber kredenzt dann in der Küche die Nachspeise, den krönenden Abschluss eines geselligen Abends.

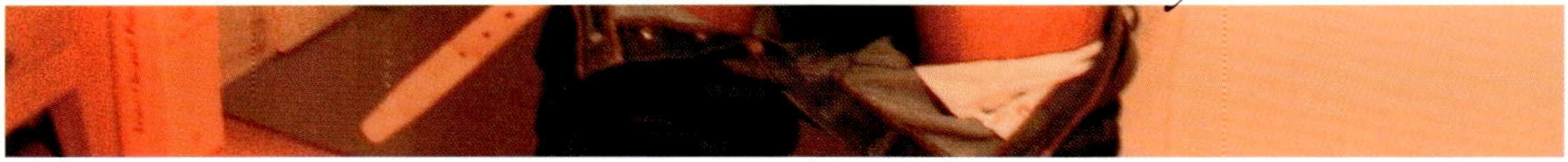

Die nachfolgenden Speisen bewähren sich bei vielen Gästen. Man kann sie vorbereiten und muss sie nicht in Minutenschnelle servieren.

SCHWEINSBRATEN LIGHT

Zutaten für 4 Personen:
2 kg Schweinskarree
Knochen, ausgehackt
5 El Öl oder Schmalz
Salz, Kümmel
reichlich Knoblauch, gepresst
Kürbiskernöl
Kapern

Schweinsbraten mit Salz, Kümmel und Knoblauch großzügig einreiben. In einer Bratform Fett erhitzen. Knochen beigeben. Karree mit der äußeren Seite nach unten auf die Knochen legen und ins vorgeheizte Backrohr schieben. Bei 220 Grad beginnen; nach und nach Hitze reduzieren, bis schließlich nach zwei Stunden ca. 100 Grad erreicht worden sind. Regelmäßig mit Bratensaft übergießen. Nach einer Stunde den Braten wenden. Der Schweinsbraten sollte knusprig-braun sein. Den fertigen Braten abkühlen lassen. Kurz vor dem Servieren in dünne Scheiben schneiden und mit Kapern anrichten. Mit Kürbiskernöl servieren.

BOUILLABAISSE

Diese Variante ist nicht so kompliziert in der Zubereitung wie das französische Original, schmeckt aber auch sehr gut.

Zutaten für 4 Personen:

250 g kleine Tintenfische, vom Händler kochfertig gemacht
250 g festes weißes Fischfilet
250 g festes rotes Fischfilet
500 g rohe, geschälte und gesäuberte Garnelen
8 Jakobsmuscheln, halbiert
2 El Olivenöl
2 Zwiebeln, in Ringe geschnitten
4–6 Knoblauchzehen, zerdrückt
1 l heiße Fischsuppe
125 ml Weißwein
3 Prisen Safranfäden, die man vorher eine halbe Stunde in heißem Wasser einweicht
Salz, frischer Pfeffer
Baguettescheiben, mit Knoblauch und Olivenöl eingerieben

Öl in einer Pfanne erhitzen. Zwiebelringe glasig dünsten. Knoblauch dazugeben und alles eine weitere Minute dünsten.
In einen glasierten Tontopf, der vorgewärmt sein sollte, die kochend heiße Suppe hineingeben; weiters Wein, Safran und die restlichen Gewürze. Im Ofen bei ca. 200 Grad 10 Minuten zugedeckt kochen lassen. Danach Fischfilets und Tintenfische untermengen und alles wieder vorsichtig aufkochen lassen. Zum Schluss die Garnelen und die Muscheln dazugeben.
Ca. 5 Minuten köcheln lassen. Mit den kurz vorher getoasteten Baguettescheiben servieren.

ZITRONENHUHN

Verwenden Sie für dieses Gericht unbedingt ein Freilandhuhn. Diese Hühner haben nämlich kräftigere Sehnen als die in Legebatterien gezüchteten. Sie haben diesen Unterschied sicher schon bemerkt. Wenn das Fleisch nach dem Braten am Knochen haften bleibt, dann haben Sie ein frei laufendes Huhn gekauft. Die anderen Hühner zerfallen, weil sie keine Muskeln aufbauen konnten. Ich finde dieses Hühnerrezept, das ich übrigens bei meiner Freundin Krista Fleischmann das erste Mal essen durfte, genial. Das Huhn ist saftig, obwohl man es nicht ständig übergießen muss. Die Zitrone entzieht dem Huhn nämlich Fett, so dass es in der eigenen Flüssigkeit weich geschmort wird!

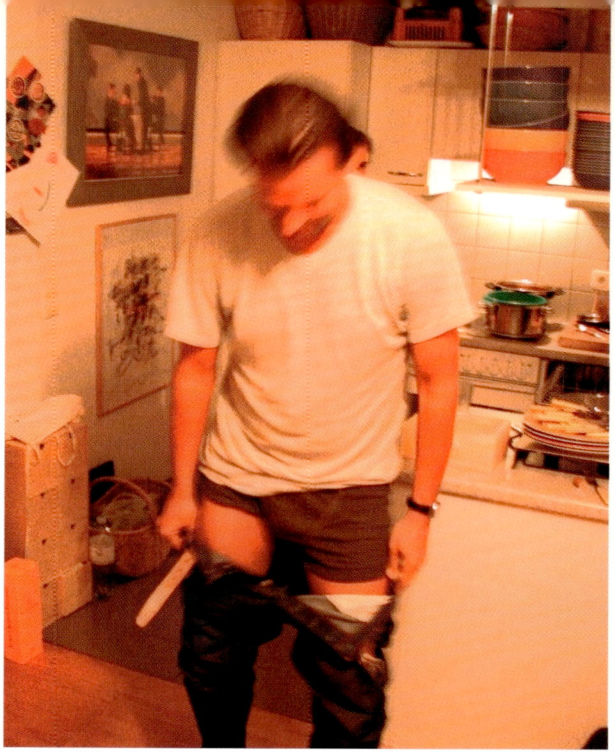

Zutaten für 4 Personen:
1 Freilandhuhn
1–2 nicht gespritzte Zitronen
Salz, frischer schwarzer Pfeffer
1 Zweig Rosmarin oder Thymian, je nach Gusto

Das Huhn bei seiner Öffnung von den gelben Fettpölsterchen befreien. Salzen und pfeffern. Die Zitronen mit einem Zahnstocher oder einer Gabel mehrmals einstechen. Das Huhn damit füllen und die Öffnung mit einem Zahnstocher gut verschließen. Huhn in eine feuerfeste Form legen und im

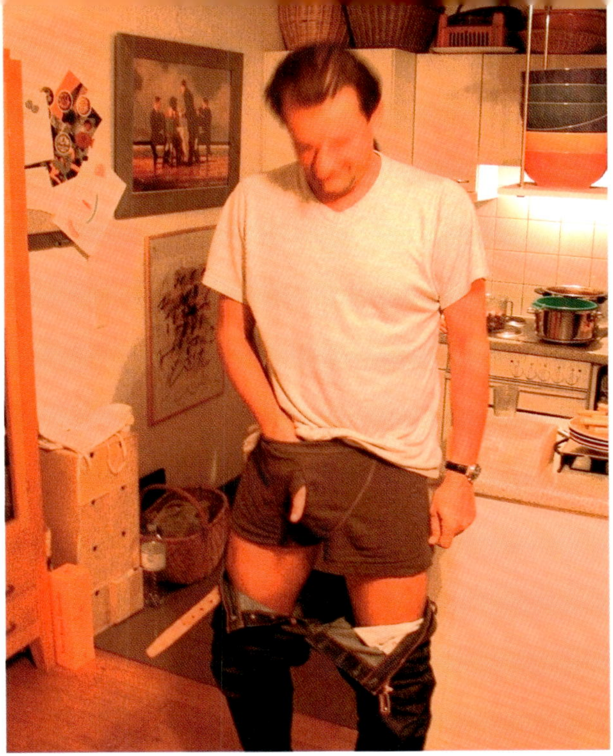

Gastgeber »Prinz« Ernst August

vorgeheizten Backrohr 20 Minuten braten. Dann wenden und nochmals 20 Minuten braten. Rosmarin- oder Thymianzweig dazulegen und Huhn nochmals auf dem Bauch 20 Minuten braten. Das Huhn zerteilen; eventuell Zitronenreste entfernen, wenn die Zitronen nicht ganz verschwunden sind. Mit reichlich Weißbrot servieren, weil der Saft herrlich schmeckt!

RINDSBRATEN MIT SENF-KRÄUTER-KRUSTE

Zutaten für 6–8 Personen:
1,5 kg hinteres Ausgelöstes
2 El Dijonsenf
5 El Dijonsenf mit groben Körnern
5 El gehackte Kräuter (Rosmarin, Thymian, Petersilie, Koriander etc.)
1 Knoblauchzehe, zerdrückt
⅛ l Olivenöl
100 g Semmelbrösel (Paniermehl)
Salz, frischer Pfeffer
Rindsuppe (Fleischbrühe), ev. Würfel

Backrohr auf ca. 180 Grad vorheizen. Fleisch mit Salz und Pfeffer einreiben und mit Senf bestreichen. Das Bratenstück in einer Pfanne von allen Seiten anbräunen; ins Rohr schieben und ca. 1¼ Stunden braten. Da-

zwischen immer wieder etwas Suppe und eigenen Bratensaft darüber gießen. Fleisch aus dem Rohr nehmen, mit Alufolie bedecken und rasten lassen. Bratensaft durch ein Sieb gießen und wenn nötig noch etwas Suppe beifügen.
Für die Kruste Olivenöl erhitzen. Kräuter und Knoblauch dazugeben, Semmelbrösel darin rösten. Braten auf der Oberseite mit dem grobkörnigen Dijonsenf bestreichen und mit der Krustenmasse bedecken.
Das Rohr auf Grillen stellen und den Braten goldbraun überbacken. Vor dem Anschneiden rasten lassen. Bratensaft wärmen und dazu reichen.

Mein Lieblingsessen als Kind war gebackene Leber mit Mayonnaisesalat: ein Standardgericht auf jeder Menükarte in den sechziger Jahren. Heute findet man diese Speise nicht einmal mehr im einfachsten Beisel ums Eck. Sie ist praktisch ausgestorben, begraben auf dem Friedhof der Zeitgeister. Ebenso wie die berühmten Weinbergschnecken in Knoblauchöl, die ich vorzugsweise Ende der siebziger Jahre verzehrte. Am liebsten im Marchfelderhof, wohin mich mein erster Freund, der ein Auto hatte, bei besonders feierlichen Anlässen auszuführen pflegte. Auf der Liste der ausgestorbenen Speisearten stehen noch die Bouillon mit Ei, der Toast Hawaii und das Beef tatar. Besonders gefährdet sind der gebackene Kalbskopf, Hirn, Steckerlfische, Matjes nach Hausfrauenart und das Zigeunerschnitzel, welches allein schon wegen seines Namens, da politisch unkorrekt, abgelehnt werden muss. Völlig antiquiert scheinen bereits auch alle Nouvelle-Cuisine-Gerichte. Sie wissen schon, die Essensschnörksel auf den

Ferien mit Papa und meiner Schwester Ingrid (rechts) am Wörther See, 1965

Ferien mit Ingrid (links) in Zell am See, 1978

übergroßen Tellern. Modischer Firlefanz ist auch in der Küche anzutreffen, zeitgeistresistent sind jedoch auch hier nur die echten Klassiker.

Auffallend ist, dass uns die Ernährungswissenschaft in den letzten zwanzig Jahren ziemlich beeinflusst hat. Von der Speisekarte wurden nämlich in erster Linie all jene Gerichte verbannt, die unseren Cholesterinspiegel in die Höhe treiben, die Verdauung belasten oder Salmonellen anlocken. Es wird nicht mehr lange dauern, da werden wir nicht nur in den besseren Restaurants erfahren, von welchem Biobauernhof das Fleischstück kommt, und auch die Fritteuse wird aus der Küche verschwinden. Die für Österreich so typische goldbraune Panier, unter der man kleine Sünden geschickt verstecken kann, wird einer transparenten und gesunden Leichtigkeit weichen. So weit meine Prognose – wird sich erweisen, ob ich als Trendforscherin etwas tauge.

Jedenfalls schnüffle ich auch gerne in der Vergangenheit herum, speziell was die kulinarische Spurensuche betrifft. Großmutter, Mutter und Schwiegermutter sind von mir immer wieder gelöchert worden, was sie denn am liebsten in ihrer Kindheit gegessen hätten und welche Speisen am häufigsten serviert worden seien. Fleischgerichte waren es jedenfalls nicht. Einige Erdäpfel- und Strudelvariationen sowie Getreidegerichte habe ich mir für dieses Kochbuch notiert.

Was mich an eine Anekdote erinnert, die mir Friedensreich Hundertwasser erzählt hat.

Foto zum ORF-Bewerbungsschreiben, 1980

Seine Mutter reagierte wie 99,9 Prozent aller Eltern auf seinen Berufswunsch, Künstler werden zu wollen: Sie war entsetzt und sah den geliebten Sohn völlig verarmt bereits einen Hungertod sterben. Doch der junge Stowasser lernte keinen bürgerlichen Beruf; er wollte seiner Mutter beweisen, dass der Mensch kein Geld zum Überleben braucht, und zog nach Paris. Dort übernachtete er auf Baustellen in Häusern, die bereits halb fertig waren. Im Sommer genügten ihm die ohne Fenster, im Winter stieg er vorzugsweise in solche ein, die bereits gut abgedichtet waren. Sein Essen holte er sich auf Märkten knapp nach der Sperrstunde. Denn der Großteil des Obstes und Gemüses landet dann in den Müllcontainern. Hungerkünstler wissen das und fischen die beste Ware noch vor den Katzen und Ratten heraus. Zur Erntezeit zog es Hundertwasser in die ländlichen Vororte von Paris. Dort

Mein Ältester, Benjamin (18), und der vorläufig Jüngste, Baby Tim

heuerte er bei den Bauern als Gehilfe für eine Woche an. Geld wollte er nicht, er bekam einen Sack Weizen als Lohn. Mit diesem kam er fast den ganzen Winter hindurch aus. »Sie können sich nicht vorstellen, wie sättigend und ausgiebig so ein Sack Getreide ist. Man kann Brot backen, Fladen, Crêpes und Aufläufe«, schwärmte er mir vor. Zur Verwertung des Weizens durfte er die Küchen von Freunden benutzen. – Küchengäste sind willkommener als solche, die auch noch ein Bett begehren.

Hundertwasser hielt das jahrelang durch. Er verkaufte auch seine Bilder nicht, was sich im Nachhinein als geniales Marketingkonzept erwies. Denn sein origineller Lebensstil fiel kunstinteressierten Menschen auf, erste Artikel über ihn erschienen in französischen Zeitungen. Die Kellner seines Lieblingscafés luden ihn täglich zur Jause ein. Seine Werke wurden interessiert begutachtet, doch der Künstler bot sie nicht an. Die Nachfrage stieg, die Angebote kletterten in die Höhe. – »Ich habe das alles nur wegen meiner Mutter gemacht. Weil es mich geärgert hat, dass sie nicht an meine Überlebensfähigkeit als Künstler geglaubt hat.« Erst nach ihrem Tod begann Hundertwasser seine Kunstwerke zu verkaufen. Der Rest ist Kunstgeschichte.

Eigentlich erstaunlich, welchen Einfluss wir Mütter auf unsere Kinder haben. Wenn's gut geht, nehmen sie die Stolpersteine, die wir ihnen in den Weg legen, als willkommene Herausforderung an. Packen wir unsere Eltern oder scheitern wir an ihnen – das ist die existentielle Frage aller Kinder dieser Welt.

Rezepte für schmale Geldbörsen

Ich kenne nur ganz wenige Menschen, die nicht auf ihren Kontostand achten müssen. Ich gehöre jedenfalls nicht zu dieser beneidenswerten Spezies. Es ist unglaublich, wie viel hungrige Heranwachsende verschlingen können, und noch kostspieliger ist ihr Flüssigkeitsbedürfnis. Wobei mein dezenter Hinweis auf die nicht versiegende Quelle der Wasserleitung meist überhört wird. Meine Jungen schütten literweise Eistee in sich hinein. Preiswerte Einkäufe gegen Monatsende hin lassen die Bankomatkarte wieder abkühlen. Die folgenden Speisen helfen sparen.

COUSCOUS MIT KNOBLAUCH UND FENCHEL

Zutaten für 4 Personen:
250 g Instant-Couscous
1 Schuss Öl
2–3 El Butter
1 Fenchelknolle, fein gehackt
150 g grüne Bohnen, in kleine Stücke geschnitten und blanchiert
1 Orange
2 Knoblauchzehen, gepresst
1 roter Paprika, entkernt, in kleine Würfel geschnitten
2–3 El Olivenöl
1 El guter Essig
Salz, frischer schwarzer Pfeffer

250 ml Wasser zum Kochen bringen; etwas salzen und einen Schuss Öl dazu. Das Cous-

cous einrühren. Zwei Minuten quellen lassen; dann die Butterstücke unterheben und nochmals zwei Minuten quellen lassen.
Couscous auf lauwarme Temperatur abkühlen lassen.
Orange schälen und in kleine Stücke schneiden. Orangenschale fein reiben. Orangen-, Fenchel-, Paprikastückchen und die grünen Bohnen in das Couscous einrühren. Knoblauch und Orangenschale mit Olivenöl und Essig verrühren; salzen und pfeffern. Dressing über den lauwarmen Couscous-Salat geben.
Im Kühlschrank kalt stellen.

SPAGHETTI AGLIO-OLIO

Zutaten für 4 Personen:
450 g Spaghetti
6 Knoblauchzehen
2 El gehackte Petersilie
120 ml Olivenöl
1–2 kleine getrocknete Chilischoten
Salz, frischer Pfeffer
Parmesan, falls erwünscht

Knoblauch fein und Petersilie grob hacken. Olivenöl in einem Topf erhitzen. Knoblauch dazugeben und bei mäßiger Hitze unter ständigem Rühren goldbraun braten. Chilischoten in kleine Stücke schneiden und zum Knoblauch geben.
Die Spaghetti laut Anleitung kochen und abseihen; gut abtropfen lassen.
Spaghetti in eine Schüssel geben. Knob-

lauch-Öl-Mischung unterheben. Mit Salz und frischem Pfeffer abschmecken. Spaghetti zudecken und ca. 3–5 Minuten ziehen lassen. Petersilie darüber streuen und Spaghetti servieren. Falls erwünscht, frisch geriebenen Parmesan dazu reichen.

TAGLIATELLE AL BURRO AROMATIZZATO

Zutaten für 4 Personen:
500 g möglichst frische Tagliatelle
75 g Butter
3–4 El gehackte Rosmarinnadeln
Meersalz
frischer Parmesan

Nudelwasser aufstellen und zum Kochen bringen. Meersalz dazugeben.

In der Zwischenzeit in einem großen Topf Butter und Rosmarinnadeln erhitzen. Topf vom Feuer nehmen und ca. 5 Minuten lang die Aromen von Butter und Rosmarin miteinander verschmelzen lassen.
Die Nudeln al dente kochen. Abseihen und nur kurz abtropfen lassen. Die Tagliatelle mit Butter und Rosmarin vermengen und 2 Minuten zugedeckt stehen lassen. – Nicht beim Feuer!
In vorgewärmten Tellern sofort servieren. Parmesan nach Wunsch reichen.

KRAUTFLECKERLN

Zutaten für 4 Personen:
350 g Fleckerlnudeln
2 Zwiebeln, fein gehackt
1 kleiner Krautkopf, fein geschnitten

reichlich Butter
Paprikapulver
Kümmel, Zucker
Salz, frischer schwarzer Pfeffer

Die Fleckerln in reichlich Salzwasser nach Anleitung kochen; abseihen und abtropfen lassen. Zugedeckt warm stellen.
Zwiebeln und Kraut in reichlich Butter anrösten und dünsten, bis das Kraut weich ist. Fleckerln dazumischen; mit Paprikapulver, Kümmel, Zucker, Salz und Pfeffer abschmecken und weitere 5 Minuten dünsten.

GERÖSTETE KNÖDEL MIT EI

Zutaten für 6 Personen:

Für die Semmelknödel:
250 g Semmelwürfel
2 Eier
300 ml Milch
70 g Butter
1 Zwiebel, fein gehackt
Petersilie

3 Eier
1 Zwiebel, fein gehackt und in Butter glasig gedünstet
Salz, frischer schwarzer Pfeffer
Olivenöl

Eier, Milch und Salz mit einem Schneebesen aufschlagen. Semmelwürfel, die in etwas Butter glasig gedünstete Zwiebel und die Petersilie einmengen. Eine Stunde rasten lassen.
Alufolie mit flüssiger Butter bestreichen. Aus der Semmelmasse eine ca. 5 cm hohe Rolle formen. Auf die Alufolie legen und straff einrollen. Enden gut verschließen. In reichlich

kochendes Wasser einlegen und schwach wallend ca. 40 Minuten kochen.
Alufolie entfernen und Rolle in dünne Scheiben schneiden.
In einer großen Pfanne Olivenöl erhitzen, Die Knödelscheiben auf beiden Seiten knusprig braten. Die Eier verquirlen und darüber leeren. Kurz bevor die Eier die richtige Konsistenz haben, Zwiebelstücke darunter mischen. Salzen und pfeffern.

SEMMELSCHMARREN

Zutaten für 4 Personen:
10 alte Semmeln
3 Eier
750 ml Milch
Zucker
100 g Butter
3 Äpfel, geschält und in Scheiben geschnitten
Rosinen nach Belieben
Zimt, Staubzucker

Die Semmeln entrinden und in dünne Scheiben schneiden. Eier, Zucker und Milch verquirlen. Die Semmeln darin aufweichen. In einer Form Butter schmelzen. Die Äpfel darin anschwitzen. Die Semmelmasse dazugeben. Zum Schluss die Rosinen einstreuen. Auflaufform ins vorgeheizte Backrohr schieben und bei ca. 160 Grad langsam backen. – Der Vorgang dauert zwischen 35 und 40 Minuten. Mit Zimt und Staubzucker bestreuen. Dazu passt Kompott.

J

Baby Tim saugt mich aus. Ich glaube, dass sämtliche Vampirphantasien ursprünglich von stillenden Müttern ausgegangen sind. Die an sich wunderschöne Symbiose Säugling – Mutter kann an manchen Tagen erschreckende Verzweiflung auslösen. Tim verlangt viel öfter nach meiner Brust, wenn ich nervös und verspannt bin. Das ständige Saugen weckt in solchen Momenten ein Gefühl der Ohnmacht. Ich kann nicht mehr über meine Zeit bestimmen, das hilflose Bündel in meinen Armen lässt mich nicht aus, verfügt über jede Minute. Mit Babys kann man nicht verhandeln, sie sind Seismographen, kommunizieren auf der Ebene von energetischen Schwingungen, die sich weder vertuschen noch wegschwindeln lassen. Um sie zu beruhigen, ihnen Kraft und Lebensfreude zu geben, dürfen sie bei der Mutter tanken, alles Gute aus ihrem Körper schöpfen. Wie Opferlämmer liegen wir dann auf dem Altar unserer Kinder. Während sie sich schmatzend sättigen, geht uns langsam die Energie aus. Doch wir

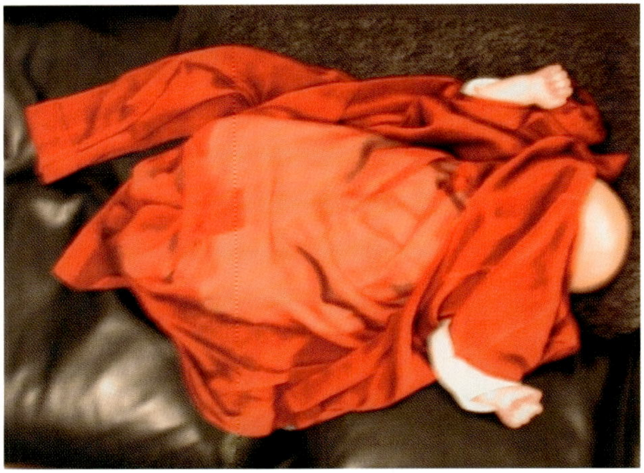

erdulden diesen kräfteraubenden Aderlass mit fast wollüstiger Liebe, werden selbst gerne weniger, wenn der oder die andere dadurch mehr wird.

Ich muss schon zugeben, es macht mich stolz, wenn ich beobachte, wie ein kleines, nicht viel mehr als zwei Hand großes Wesen an der Quelle meiner Brüste täglich zulegt, sprießt und gedeiht. Keine Mahlzeit, die ich für andere bereite, kommt direkter aus meinem Herzen. Das Stillen hat mir aber auch wieder deutlich gemacht, welch eigenartiges Verhältnis ich zu meinem Körper habe. Obwohl Tim bereits mein viertes Kind ist, habe ich noch nie selbst die Milch aus meiner Brust probiert. Erst Paul, mein dritter Sohn, hat mich dazu animiert. »Mama, wie schmeckt deine Milch eigentlich?«, wollte er eines Tages von mir wissen, als ich zum x-ten Mal Tim die Brust reichte. – »Keine Ahnung, Paul. Sie ist jedenfalls nicht so fett wie Kuhmilch, habe ich gelesen.« – »Lässt du sie mich probieren?« – »Ja wie denn, Paul? Du kannst doch nicht mehr an meiner Brust saugen, du bist doch schon ein Schulkind!« – »Press doch einen Tropfen raus«, meinte Paul pragmatisch. Das tat ich dann auch und Paul kostete mit unverhohlener Neugier. Sein Kommentar fiel kurz und bündig aus: »Ziemlich süß.« – »Wirklich? Kein Wunder, dass ihr Kinder so süchtig nach Süßigkeiten seid!« – » Mama, warum kostest du nicht mal?« – »Nein Paul, igitt, ich könnte das nie!« – Allein bei der Vorstellung stellten sich bei mir sämtliche Haare auf. »Mama, du sagst doch immer zu uns, wir sollen alles probieren und dann erst urteilen. Also los, koste!«

Paul hatte Recht, ich musste mit gutem Beispiel vorangehen, sonst hätte ich sämtliche missionarische Essensbekehrungen in Zukunft ad acta legen können. Mit echtem Widerwillen benetzte ich meine Zungenspitze mit einem halben Tropfen Muttermilch. Sie war wirklich erstaunlich süß. Warum hatte ich davor solchen Abscheu gehabt? Ich hatte Hirn, Nieren und Kutteln von Tieren gegessen, Austern geschlürft und Schnecken verspeist, aber das einzige Nahrungsmittel, das mein Körper zustande bringt, bisher standhaft verweigert. Ich liebe meinen Körper zu wenig. Woher kommt diese Geringschätzung? Warum ist sie bei Frauen deutlicher ausgeprägt als bei Männern? Wer oder was beeinflusst uns so negativ? Die Kirche, unsere Mütter, die Medien?

Auf diese Weise beschäftige ich mich, wenn ich zu Hause auf der Couch sitze, Tim halte und ihm die Brust gebe. – »Geht Ihnen die Arbeit schon ab, Frau Resetarits?« Das ist die häufigste Frage, die man mir während der Karenzzeit stellt. »Überhaupt nicht. Ich bin bereits ein Meister in stummen Selbstgesprächen und mir noch nie eine Antwort schuldig geblieben.«

Ich bin eigentlich kein großer Fan von Süßem. Mir genügt nach dem Essen meist ein kleines Häppchen mit Zucker. Am liebsten habe ich im Sommer Eis und ansonsten jede Form von Fruchtkuchen oder -strudel.

ITALIENISCHER APFELKUCHEN

Zutaten für 4 Personen:
Butter und Mehl für die Backform
125 g weiche Butter
200 g Zucker, mit Vanillezucker vermischt
1 Tl echte Vanille
3 El Vollmilch
Schale von einer Zitrone
3–4 Eier, je nach Größe
200 g glattes Mehl
¾ Tl Backpulver
1 Prise Salz
1 Tl Zimt
4 Äpfel

Ofen auf 180 Grad vorheizen. Eine Springform mit ca. 23 cm Durchmesser ausbuttern und bemehlen.
In einer Schüssel Butter, 150 g des Zucker-Vanillezucker-Gemischs, echte Vanille, Milch und geriebene Zitronenschale zu einer lockeren Masse verarbeiten. Die Eier nach und nach dazuschlagen.
Mehl mit Backpulver und Salz vermengen. Diese Mischung vorsichtig in die Buttermasse einrühren. 10 Minuten stehen lassen; das Mehl muss die Flüssigkeit absorbieren.
Den restlichen Vanillezucker mit dem Zimt vermengen. Die Äpfel schälen und in dünne Scheiben schneiden. Sie mit dem Großteil des Zimtzuckers vermischen. Beiseite stellen.

Teig in die Form löffeln. Oberseite schön glatt streichen. Am Rand der Form beginnend, die Apfelscheiben leicht übereinander lappend in zwei bis drei Kreisen zur Teigmitte hin schichten.
Restlichen Zimtzucker darüber streuen. Circa eine Stunde im Ofen backen, bis die Äpfel intensiv goldbraun sind. Abkühlen lassen und mit Hilfe eines Messers von der Seitenwand der Springform lösen. – Kuchen aber auf der Bodenplatte lassen.
Noch lauwarm servieren!

ALT-WIENER APFELSTRUDEL MIT INGWER

Zutaten für 4 Personen:
1 Packung fertiger Strudelteig
1,5 kg säuerliche Äpfel, geschält und in dünne Scheiben geschnitten
150 g geriebene Walnüsse
Butter
Zimt
Vanillezucker
150 g Kristallzucker
1 kleine Ingwerknolle, fein gehackt
Rosinen
Rum

Den Strudelteig laut Anleitung ausbreiten und mit flüssiger Butter bestreichen. Die Walnüsse darüber streuen, sodass der Teigboden bedeckt ist. Die geschnittenen Äpfel mit Kristall- und Vanillezucker sowie Zimt, Rosinen, Rum und den Ingwerstücken vermengen. Apfelgemisch auf dem Strudelteig gleichmäßig verteilen. Straff einrollen und die Enden gut verschließen. Auf ein mit Backpapier ausgelegtes Backblech legen und im vorgeheizten Rohr bei 180–200 Grad ca. 35 Minuten backen.

MOHN-ZWETSCHKEN-STRUDEL

Zutaten für 4 Personen:
1 Packung fertiger Strudelteig
800 g Zwetschken, entkernt
Butter
100 g Kristallzucker
2 Tl Zimt
300 g Mohn, gemahlen
50 g Zucker
⅛ l Milch
1 El Honig
1 El Vanillezucker
2 El Rum
Zitronenschale
1 Prise Salz

Teig laut Anleitung ausbreiten und mit flüssiger Butter bestreichen. Für die Fülle Milch mit etwas Kristallzucker, Honig, Zitronenschale, wenig Zimt, Vanillezucker und einer Prise Salz aufkochen lassen. Mohn einrühren; quellen lassen und anrösten. Rum beimengen. Alles kalt stellen. Fülle auf den Teig streichen und die halbierten und entkernten Zwetschken darauf verteilen. Eine Zimt-Zucker-Mischung vorbereiten und über die Fülle streuen. Teig straff einrollen und die Enden gut verschließen. Im Rohr bei ca. 200 Grad eine halbe Stunde backen.

KIRSCHKUCHEN

Zutaten für 4 Personen:
etwa 1 kg Kirschen, entkernt
5 Eidotter
5 Eiweiß
180 g Butter
90 g Staubzucker
70 g Kristallzucker
1 El Vanillezucker
180 g Mehl, glatt
1 Tl Backpulver
Butter zum Befetten

Die sehr weiche Butter mit Staub- und Vanillezucker schaumig rühren. Die Eidotter einmengen. Eiweiß mit Kristallzucker zu einem festen Schnee schlagen. Den Schnee unter den Butterabtrieb heben und danach ganz vorsichtig das mit Backpulver vermengte Mehl unterheben. Teig in eine gebutterte Form füllen. Die Kirschen mit der Hautseite nach unten eng auf dem Teig verteilen. Im vorgeheizten Backrohr bei ca. 170 Grad goldbraun backen.

ZUPPA INGLESE

Zutaten für 4 Personen:
½ l Milch
160 g Zucker
1 Vanillemark
4 Eidotter
2 Tl Speisestärke
50 g dunkle Schokolade
250 g Biskotten
3 El Alchermes (roter Gewürzlikör) oder Rum
200 g Marmelade, am besten aus Kirschen oder Weichseln
200 g Obers (Sahne)
1 El Zucker

2 El der Milch beiseite stellen. Die restliche Milch mit 50 g des Zuckers und dem Vanillemark aufkochen und abkühlen lassen. Den restlichen Zucker mit den Eidottern zu einer Creme schlagen und die Vanillemilch darunter rühren.
Die Creme in einem Topf bis knapp vor dem Aufkochen erhitzen; dabei ständig rühren!
Die Stärke mit den 2 El Milch verrühren und zu der heißen Creme geben. Alles weiterköcheln lassen, bis die Creme gebunden ist.
Die Schokolade fein raspeln. Die Biskotten krümeln und mit dem Gewürzlikör bzw. dem Rum beträufeln. Die Hälfte der warmen Creme mit der Schokolade mischen.
In einer hohen runden Schale Schicht für Schicht Biskottenmasse, Vanillecreme, Marmelade und Schokocreme aufbauen. Das Ganze etwa zwei Stunden kühl stellen.
Vor dem Servieren Obers mit Zucker steif schlagen und das Dessert damit verzieren.

KAISERSCHMARREN

Dieses Rezept hat mir der Koch vom »Blauen Esel« gegeben, einem von außen unscheinbaren Lokal in der Hadikgasse, einer stark befahrenen Durchzugsstraße in Wien. Dieses Restaurant hat aber einen der schönsten Gastgärten der Stadt, mit altem Kastanienbaumbestand. Der Wirt Peter Ott ist überaus ambitioniert, die Qualität der Speisen ist

sehr gut und der Weinkeller bestens bestückt!

Zutaten für 4 Personen:
½ l Milch
4 Eier
350 g glattes Mehl
1 Prise Salz
Rosinen
2 cl Rum
ca. 70 g Butter oder Margarine
Kristallzucker nach Belieben
1 Päckchen Vanillezucker

Milch mit Mehl zu einem dicken Teig verarbeiten. Salzen und zwei ganze Eier einrühren. Die restlichen zwei Eier teilen und den Schnee zu einer festen Masse schlagen. Zuerst die zwei Eidotter in die Milchmasse einarbeiten, dann vorsichtig den Schnee unterheben. Butter oder Margarine in einer Pfanne erhitzen. Den Teig einlaufen lassen und mit Rosinen bestreuen. Auf kleiner Hitze langsam zugedeckt backen. Wenn der Schmarren auf der Unterseite goldbraun ist, wenden und fertig backen. Kristallzucker mit Vanillezucker mischen und die Hälfte davon darüber streuen. Schmarren wenden und die andere Hälfte dazugeben. Dabei erhitzen, bis der Zucker karamellisiert. Mit Rum ablöschen. Teig in Stücke zerreißen.

K

Letzten Sonntag bereitete ich mit großer Liebe einen Zwiebelrostbraten als Abendessen zu. Ich hatte Zeit, Muße und richtig Lust aufs Kochen. Der Sonntag ist ein eigenartiger Tag. Er beginnt wie ein wunderschöner Ferientag: Ich wache in der Früh auf, denke, alle Zeit der Welt zu besitzen, trödle herum, bereite ein opulentes Frühstück zu (der Gewerkschaft sei Dank, dass sie den Bäckern am Tag des Herrn noch nicht das Handwerk legen konnte!) und nehme mir für den Nachmittag viel zu viele Dinge vor. Meist schaffe ich nur einen kurzen Ausflug in die unmittelbare Umgebung. Ungefähr um fünf Uhr fällt ein Schatten auf meine Seele. Ich weiß nicht, woher er kommt – irgendwie muss er mit der Dämmerung zusammenhängen, denn im Sommer verdunkelt sich meine Stimmung erst um etwa acht Uhr. Für mich gibt es keinen »blue monday«, montags geht's mir meist sehr gut. Aber sonntags kämpfe ich oft gegen einen grauen Nebelschleier, der mein Herz umschlingt und frieren lässt. Dagegen hilft meist ein Kinobesuch oder

eben ein mit viel Liebe gekochtes Abendessen.

Der Zwiebelrostbraten war also als Trostpflaster für die etwas angekratzte Seele gedacht. Umso enttäuschender war der erste Biss. Die Sauce war gelungen, aber das Fleisch war zäh und hart. Was hatte ich falsch gemacht? Ich war mir keiner Schuld bewusst. Ich hatte den Rostbraten vorsichtig geklopft, auf beiden Seiten in der Pfanne angebräunt, damit sich die Poren schließen, und danach in einem Topf mit der Zwiebelsauce etwa dreißig Minuten gedünstet. Eigentlich hätte er auf der Zunge zergehen müssen, aber nein; ich würgte die schwer verdaulichen Fleischbrocken hinunter. Der Nebelschleier lüftete sich und wich Zorneswolken.

Ich hatte das Fleisch im Supermarkt gekauft. Was man in Italien beispielsweise ohne weiteres tun darf, in Österreich aber lieber bleiben lassen sollte. Warum ist das österreichische Fleisch oft grobfaserig und hart und nicht mürbe und zart? In unserem Land gibt es mehr Almen, Weiden und saftiges grünes Gras als bei unserem südlichen Nachbarn und trotzdem haben wir unser ehrgeiziges Ziel, der Feinkostladen Europas zu werden, noch nicht erreicht. Bestenfalls sind wir eine gut sortierte Greißlerei. Der Konsument muss sich meist mit durchschnittlicher Ware zufrieden geben. Es sei denn, er ist sehr gut betucht (natürlich kann ich beim Meinl am Graben oder beim Demeter-Bauern 1a-Qualität erwerben) oder Spezialist für Geheimtipps. Das stinknormale Angebot im Supermarkt – speziell in der Fleischabteilung – ist oft enttäuschend.

Daran sind wir Konsumenten auch ein bisschen schuld, haben wir doch durch unser Kaufverhalten die individuelle Betreuung durch Fachleute nahezu verdrängt. Es gibt kaum noch Fleischhauer und auch die kleinen Märkte mit den erntefrischen landwirtschaftlichen Produkten kämpfen ums Überleben. Wir stressen uns lieber in riesigen Supermärkten, muten uns in Plastik verpacktes Fleisch zu, reihen uns wortlos in lange Warteschlangen bei der Kassa ein und sind der irrigen Annahme, auf diese Weise günstiger einzukaufen. Denn die paar Schilling, die das eine oder andere Produkt im Supermarkt weniger kostet, kommen durch undiszipliniertes Hamstern – frei nach dem Motto »Ach, das könnte ich auch noch brauchen« – wieder locker dazu. Ändern wird sich das kaum noch lassen, wir können das Rad der Zeit nicht zurückdrehen.

Die einzige Hoffnung, die ich habe, liegt im Internet. Vielleicht schaffen es engagierte Bauern und Fleischhauer, sich durch dieses Medium landesweit so zu vermarkten, dass sie gegen die übergroße Supermarktkonkurrenz wieder eine Chance haben. Voraussetzungen dafür wären eine professionelle Präsentation und – fast noch wichtiger – rasche, zuverlässige Lieferzeiten. In Großstädten müsste eine Lieferung innerhalb eines Tages funktionieren. Kein Mensch plant seine Menüs schon Tage im Voraus. Ich hätte auch nichts gegen eine Sammelbestellung im Internet und würde mir die Ware sogar selbst abholen, wenn sie fertig verpackt wäre; zum Beispiel ruck, zuck bei einer Drive-in-Station.

Momentan ist der Einkauf im Internet noch etwas unbefriedigend. Selbst die großen Handelsketten schaffen eine Lieferung erst am fol-

genden Werktag. Das ist für Bettlägrige und Fußmarode vielleicht noch akzeptabel, aber keineswegs für mobile, flexible Menschen.

Aber nicht nur die Lebensmittelhersteller haben ihre Probleme mit dem E-Commerce. Selbst die Spezialisten für Konsumgüterversand hinken dem Zeitgeist hinterher. Als ich vor kurzem bei Quelle im Netz nach Babywäsche suchte, fand ich eine auf wenige Artikel beschränkte Auswahl sowie die Aufforderung, den neuen, umfangreichen Quelle-Katalog zu bestellen, darin wäre das komplette Sortiment enthalten. Nicht einmal den Katalog konnte ich per Internet ordern. Das erledigte ich mit dem guten alten Telefon. – Wen wundert's, wenn da sämtliche New-Economy-Aktien in den Börsekeller purzeln!

Internet-*Gourmet*-Adressen

http://www.clickfish.com/clickfish/clickfish4you/abc.html?letter=Y

Bioprodukte aus dem Internet beziehe ich über

www.biowichtl.at

Allerdings mache ich das nur, wenn ich gerade eine tolle Hausfrauen-Phase habe, also genau weiß, was ich nicht nur heute, morgen oder übermorgen, sondern Tage später kochen werde. Was sein muss, denn die Lieferzeit beträgt eine halbe Woche!
Angeboten werden Gemüse, Obst, Brot, Getreideprodukte, Mehlspeisen, Getränke, Käse und natürlich Fleisch.
Die Preise sind akzeptabel. Ab einer Bestellung von 500 Schilling ist die Zustellung gratis, sonst muss man 30 Schilling bezahlen.
Die Homepage ist übersichtlich und informativ und einfach zu bedienen.

Wer es absolut fleischlos liebt, der sollte auf diese Homepage surfen:

www.fleischlos.de

Eine sehr lehrreiche Seite, die auch für Vegetarier-Einsteiger bestens geeignet ist, da sie Antworten auf viele Fragen liefert. Etwa auf die Fragen: Wieso ist die Butter gelb? Wie lagert man Getreide richtig? Welche Mehltypen gibt es? ...
Außerdem enthält sie jede Menge Ernährungstipps und viele köstliche Rezepte.

www.icook.de

ist ein Onlineshop für internationale Lebensmittel. Also, falls Sie eine Zutat in Ihrem Wohnort nicht bekommen, kein Problem, hier werden Sie diese finden. Außerdem gibt es eine Rezeptdatenbank mit über 19.000 Rezepten!

www.clickfish.com

Auch auf dieser Homepage gibt es Rezepte aus aller Welt. Außerdem führen viele Links zu anderen interessanten Gourmet-Adressen. Interessant ist auch die Liste von Bioläden in Österreich.

Wer überhaupt keine Lust aufs Kochen verspürt und einmal wieder richtig nett ausgehen möchte, der ist hier gut aufgehoben:

www.gaultmillau.co

Auf dieser Homepage kann der Surfer gezielt nach Restaurants in Österreich, Italien und Deutschland suchen.

Eine Seite, die sehr leicht zu bedienen ist: Man gibt die gewünschte Küche ein (asiatisch, französisch, italienisch etc.) und die Stadt, in der man gerade weilt. Es folgen eine Auflistung aller Restaurants inkl. Öffnungszeiten und die Bewertung durch den Gault-Millau.

Gut gefallen mir auch die Leserbriefe, denn hier sind die individuellen Erfahrungen der Restaurantbesucher nachzulesen.

L

Am besten bekomme ich Kinder, Küche und Karriere unter einen Hut, wenn ich im Hotel lebe. Ich gebe zu, eine etwas kostspielige Variante, aber ein bis zwei Mal pro Jahr gönne ich mir dieses Vergnügen; zuletzt im Hotel Steigenberger in Bad Tatzmannsdorf. Nervenaufreibend ist nur das Packen zu Hause. Wenn diese Prozedur jedoch überstanden ist und ich endlich mit Sack und Pack im Auto sitze, steigt mein Stimmungsbarometer um 100 Prozent. Das Glücksgefühl hat sicher auch damit zu tun, dass ich endlich auf das Nötigste reduziert bin. (Das sieht so aus, dass wir à la Familie Feuerstein mit einem voll gepackten Auto unterwegs sind und dabei ständig Gefahr laufen, in der nächsten Kurve umzukippen.)

Trotzdem, verglichen mit dem Ballast, der zu Hause in unzähligen Kästen untergebracht ist, fühle ich mich entschlackt und befreit. Denn nirgends kann man das Chaosprinzip besser studieren als an einem Kleiderschrank. Obwohl ich regelmäßig ausmiste und sortiere, finde

ich jeden Morgen garantiert nicht, was ich suche.

Hotelfoyers sind für mich viel versprechende Orte. Ihr Flair wirkt auf mich ähnlich wie das auf Flughäfen: positiv, aufregend und mondän. Wie ein kleines Kind auf Weihnachten freue ich mich auf den Augenblick, in dem ich das Zimmer aufsperre. Entweder ist diese Hotelzimmer-Euphorie eine frühkindliche Prägung oder es gibt so etwas wie ein Fremdbetten-Gen. Jedenfalls hat es mir bereits als Kind mehr Spaß gemacht, dem Stubenmädchen bei seiner Arbeit zu helfen, als Schifahren zu gehen.

Die Gute-Nacht-Schokolade ist eine nette Aufmerksamkeit. Ich verstehe nur nicht, warum sie immer auf dem Kopfpolster liegen muss. Einmal habe ich mich todmüde aufs Bett geschmissen, um am nächsten Tag in der Früh in einer braunen Soße aufzuwachen – ein nicht unpeinlicher Anblick.

Besonders großen Wert lege ich auf den Wellness-Bereich, denn nirgends lassen sich die Stunden mit Kindern vergnügter verbringen als in einer großzügigen Badelandschaft. Sogar Baby Tim rekelt sich zufrieden auf der Liege und genießt das tropische Klima, während seine Brüder um die Wette tauchen und schwimmen. Zeit für mich, Bücher zu lesen, in Ruhe nachzudenken und mir Notizen zu machen. Seit es das Handy gibt, lassen sich dabei sogar die wichtigsten Telefonate erledigen.

Besonders entspannend sind jedoch die Morgenstunden im Hotel, also genau die Zeitspanne, die zu Hause immer mit Stress und Hektik verbunden ist. Ich bin nämlich der Überzeugung, dass ein idealer Tag mit einem gemeinsamen, netten Frühstück beginnen sollte. Daheim gelingt das nur teilweise – momentan besser, weil Boris – als Preis für seinen Tretroller – für uns täglich vor der Schule frisches Gebäck holt. Im Hotel hat jeder Muße und es wartet meist ein herrliches Frühstücksbuffet. Und da die Arbeit daran von Hotelheinzelmännchen erledigt wird, bleibt davor sogar noch Zeit für eine Laufrunde oder ein familiäres Plantschen im Schwimmbecken. Danach hat der Körper so richtig herzhaft Lust auf einen Nachschub an Kalorien. So lässt es sich leben! Insgeheim träume ich ja davon, meinen Altersruhestand im Hotel zu verbringen und mich dort rund um die Uhr verwöhnen zu lassen. Oder noch besser: Ich mache – wenn die Kinder außer Haus sind – aus einem Teil meiner Wohnung eine Bed-&-Breakfast-Pension. So habe ich gleichzeitig eine inflations-, regierungs- und krisensichere Altersversorgung.

Morgenstund hat *Gold* im Mund!

Und dieses Frühstück würde ich in meiner Bed-&-Breakfast-Pension servieren:

GRAPEFRUIT ROSÉ

Eine große rosa Grapefruit in der Mitte durchschneiden. Mit einem Grapefruitmesser die einzelnen Spalten vorsichtig aufschneiden, sodass man das Fruchtfleisch mit einer Gabel herausheben kann. Mit Kristallzucker bestreuen. Herrlich erfrischend!

CROQUE-MONSIEUR-KÄSETOAST

Zutaten für 4 Personen:
250 g geraspelter Emmentaler
100 g Schinken, geschnitten
12 entrindete dünne Toastbrotscheiben
1 großer Eidotter
1 El Worcestershiresauce
1 Tl Dijonsenf
1 Prise Cayennepfeffer, Salz
150 g Obers (Sahne)
Olivenöl

Den Käse mit dem Eidotter, der Worcestershiresauce, dem Senf und dem Cayennepfeffer mit einem guten Stabmixer zu einem glatten Püree verarbeiten. Mit Salz abschmecken und, falls zu zäh, mit flüssigem Obers verdünnen. Die Brotscheiben mit der Käsemasse bestreichen. Die Hälfte der Scheiben mit Schinken belegen. Mit der anderen Hälfte die belegten Scheiben zudecken und beide Teile fest gegeneinander pressen.
Den Boden einer Pfanne mit Olivenöl bestreichen und erhitzen. Die Sandwiches auf

beiden Seiten goldbraun rösten. Falls nötig, Öl nachgießen. Anschließend den Toast halbieren.
Mit einer Papierserviette umwickeln und heiß servieren.

FRÜHSTÜCKSPFANNE

Zutaten für 2 Personen:
2 Eier
2 Scheiben Schinken
2 Scheiben Toastkäse
5 kleine Cocktailtomaten
1 kleine Zwiebel oder 1 Frühlingszwiebel, klein geschnitten
Kapern
Salz, frischer schwarzer Pfeffer
Olivenöl

Die Zwiebel in heißem Olivenöl glasig dünsten. Mit einer Siebschaufel rausfischen und beiseite stellen. Die Eier in die Pfanne schlagen. Beide Seiten des Schinkens anbraten. Cocktailtomaten halbieren und von allen Seiten rösten. Den Toastkäse über den Schinken und das gestockte Eiklar legen und schmelzen lassen. Zum Schluss die Kapern und die Zwiebelstücke darüber streuen und alles würzen.

HEIDELBEER-PANCAKES MIT AHORNSIRUP

Zutaten für 4 Personen:
250 g glattes Mehl
1 El Zucker
1 El Backpulver
Salz

1 Ei
375 ml Buttermilch
2 El Butter
100 g Heidelbeeren
1 El Öl
Ahornsirup

Mehl, Zucker, Backpulver und Salz mischen. In einer zweiten Schüssel Ei, Buttermilch und die zerlassene Butter verrühren. In die Mitte des Mehls eine Vertiefung drücken. Die Buttermilchmischung und die Heidelbeeren hineinleeren und alles verrühren. In einer Pfanne die Pfannkuchen mit etwa 10 Zentimeter Durchmesser ausbacken, bis an der Oberfläche kleine Blasen sichtbar werden und der Teig locker aufgeht. Wenden. Mit Butter und Ahornsirup servieren.

M

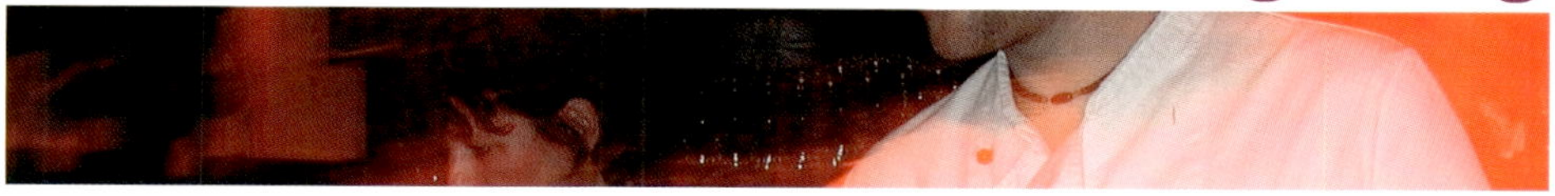

Dieses Kapitel ist einem außergewöhnlichen Menschen gewidmet, den ich kaum kenne, der mir aber bereits einige tolle Abende beschert hat. Er ist 21 Jahre alt und kocht wie ein junger Gott. Ansehen würde ihm das niemand, wenn er so in seiner Miniküche werkt – mit Baseballkappe, Jeans und T-Shirt. Sogar die strengen Kritiker von Gault-Millau sind mit mir einer Meinung und haben ihm bereits seine erste Haube aufgesetzt. Patrick kreiert seine phantasievollen Gerichte im Restaurant »Molina« in der Großen Neugasse in Wien.

Die Geschichte des »Molina« beginnt damit, dass bereits einige Monate nach der Eröffnung der Koch den Topflappen wirft und sein Glück in den Vereinigten Staaten sucht. Die sympathische Besitzerin Huberta Müller ist ratlos – wer kann einspringen und mithelfen, ihren Traum zu verwirklichen? Sie möchte den Gästen höchste Kochkunst in legerer Umgebung servieren. »Ich will es versuchen!«, hört sie da und traut ihren Ohren nicht. Denn ihr eigener Sohn spricht diese Bitte aus.

Patrick und Huberta Müller, Restaurant Molina

Ausgerechnet Patrick, der noch nichts in seinem Leben zu Ende gebracht hat. Sorgen hat sie sich in schlaflosen Nächten gemacht, was wohl aus dem Jungen werden soll. Jede Mutter kann es ihr nachfühlen. Auch ich habe so einen begabten, intelligenten Kerl zu Hause, der sich jedem schulischen System erfolgreich verweigert.

Und da steht nun dieser junge Mann entschlossen vor ihr und erklärt, er wolle ganz allein, ohne Hilfe jeden Abend für zahlende Gäste kochen! – Das erste Mal überhaupt einen Kochlöffel angerührt hatte Patrick ein Jahr zuvor. An einem Muttertag stellte er sich in die Küche und überraschte die Frau Mama. Was ihm vorzüglich gelang. Ein genialer Koch wollte er werden! Aber Patrick wusste, dass er als kreativer Einzelgänger im streng hierarchischen System einer großen Restaurantküche keine Chance haben würde. Also blieb er Autodidakt und sah an jenem Tag seine Stunde gekommen, als die eigene Mutter nach einem Koch suchte. – Sie gab ihm eine Chance.

Diese Geschichte zeigt auch, dass jeder Mensch einen langen Atem braucht, um seine Träume zu verwirklichen. Denn als ich vor einem Dreivierteljahr das »Molina« zum ersten Mal besuchte, um mich dort mit Freunden zu treffen, waren wir einen Abend lang der einzige besetzte Tisch. Drei zahlende Gäste, das war's! Patrick lief zur Höchstform auf. Wir probierten jedes Gericht auf der klein gehaltenen Speisekarte. Und unsere Gaumen wurden verwöhnt wie schon lange nicht mehr. In Wien spricht sich so etwas rasch herum, und schon bald war es schwierig, einen freien Tisch in dem Minirestaurant zu ergattern.

Ich habe mich riesig gefreut, als mir Patrick von der Gault-Millau-Haube erzählt hat. Können zahlt sich also tatsächlich aus.

KNUSPRIGE FORELLE AUF KERNÖLSAUERKRAUT UND PARMESAN

Zutaten für 4 Personen:
4 Forellenfilets
250 g Sauerkraut
etwas Kernöl und Weißweinessig
Parmesan
einige Fenchelsamen
5 El Schlagobers (Sahne)
⅛ l Fischfond
Salz, frischer schwarzer Pfeffer

Sauerkraut unter fließendem Wasser gut wässern und mit Kernöl und Weißweinessig marinieren.
Die Forellenfilets mit Salz und Pfeffer würzen. Auf der Hautseite braten, bis nur noch eine kleine blasse Stelle auf der Oberseite zu sehen ist. Kurz umdrehen und anrichten.
Für die Fenchelsauce Fischfond mit ein paar Fenchelsamen aufkochen. Das Obers beifügen und aufschäumen. Mit Parmesan anrichten.

FLUSSKREBSE MIT KOKOSSCHAUM UND TOMATEN-GIN-GELEE

Zutaten für 4 Personen:
20 eingelegte Flusskrebse

Für den Kokosschaum:
⅛ l Kokosmilch
4 El Joghurt
⅛ l Fischfond
1 El Zitronensaft
1 El weißer Portwein

Für das Tomaten-Gin-Gelee:
¼ kg Dosentomaten
5 Wacholderbeeren
5 El Gin
1 Lorbeerblatt
1 Zwiebel
etwas Zucker
2 Blatt Gelatine

Zwiebel karamellisieren. Tomaten beifügen und mit den restlichen Zutaten – außer der Gelatine – eine halbe Stunde leicht köcheln lassen. Die Wacholderbeeren und das Lorbeerblatt wieder entfernen und alles mixen. Die Gelatine in kaltem Wasser 5 Minuten einweichen; gut ausdrücken und unter das noch warme Tomatengelee rühren. Kalt stellen.
Die Zutaten für den Kokosschaum mit einem Pürierstab aufschäumen und in einem Suppenteller über die marinierten Flusskrebse und das in Form geschnittene Tomatengelee gießen.

POCHIERTER SAIBLING AUF PETERSILWURZELPÜREE UND RAHMKOHLRABI

Zutaten für 4 Personen:
8 Saiblingfilets
½ kg Petersilwurzeln
ca. ⅛ l Schlagobers (Sahne)
Butter
Zitronensaft
2 St. Kohlrabi
¼ l Fischfond
ca. ⅛ l Weißwein
Suppengemüse
Wacholderbeeren

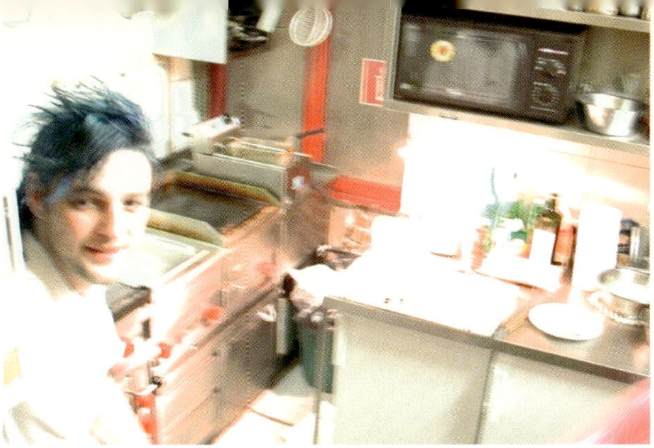

Korianderkörner
Kümmel
Lorbeerblatt
Liebstöckel, Kerbel, Petersilie
Weißweinessig
Salz, frischer schwarzer Pfeffer

Das Suppengemüse mit den Wacholderbeeren und dem Lorbeerblatt eine halbe Stunde lang köcheln lassen. Mit Salz und Weißweinessig abschmecken.
Die Petersilwurzeln schälen und klein schneiden. In einem Topf mit Wasser kochen, bis sie weich sind. Abseihen; das Kochwasser aber aufheben und z. B. für eine Suppe verwenden. Petersilwurzeln pürieren; durch ein Sieb drücken und mit Schlagobers erhitzen. Am Schluss noch etwas kalte Butter untermixen und mit Salz, Pfeffer, frisch geriebenen Korianderkörnern und Zitronensaft abschmecken.

Kohlrabi schälen und mit der Brotschneidemaschine in möglichst dünne Scheiben schneiden. Den Fischfond und Weißwein mit Wacholderbeeren, Korianderkörnern und dem Kümmel leicht einkochen. Einen Schuss Schlagobers beifügen. Den Kohlrabi 5 Minuten mitkochen und zum Schluss die gehackten Kräuter zugeben.
Den Gemüsesud in einer ofenfesten Form bis kurz vor den Siedepunkt erhitzen. Die ungesalzenen Saiblingfilets in den Sud legen, so dass sie leicht bedeckt sind. Im 200 Grad heißen Ofen ca. 5–7 Minuten garen.
Das Püree und die abgetropften Filets in die Mitte eines warmen Tellers setzen. Den Rahmkohlrabi auf die Filets legen und alles mit etwas Sauce übergießen.

LAMMRIPPERLN AUF RÖSTI UND SAFRANAPFELMUS, MIT DÖRR-PFLAUMEN-ROTWEINSAUCE

Zutaten für 4 Personen:
800 g Lammkarree
4 fest kochende Erdäpfel
4 Äpfel
etwa 0,12 g Safran
Zitronensaft
kalte Butter
etwas Zucker
5 Dörrpflaumen, gehackt
¾ l Rotwein
¹⁄₁₆ l Lammfond
Salz, frischer schwarzer Pfeffer
Butterschmalz

Die Äpfel schälen, entkernen und in Stücke schneiden. Die Stücke in einem Topf mit Wasser bedecken. Safran und Zitronensaft beigeben und so lange köcheln lassen, bis die Äpfel ganz Farbe angenommen haben. Restliches Wasser abseihen. Äpfel pürieren und kalte Butterstückchen untermixen.
Rotwein auf ein Viertel reduzieren. Gehackte Dörrpflaumen und Zucker beifügen. Noch einmal auf die Hälfte einkochen. Mit kalter Butter montieren.
Die Erdäpfel reiben und zu Laibchen formen. Falls sie nicht binden, kann man ein Ei und etwas Mehl dazugeben. In einer Pfanne mit Butter braten, bis sie Farbe annehmen.
Die Lammripperln gut salzen (auch die Fett-

stellen) und pfeffern. In Butterschmalz kurz und kräftig von allen Seiten anbraten. Den Lammfond dazugeben. Ripperln im 220 Grad heißen Ofen 13–18 Minuten braten. Die Speisen auf einem vorgewärmten Teller anrichten und servieren.

Die ungewöhnlichsten Kreationen schafft Patrick bei den Nachspeisen. Hier kombiniert er Zutaten mit dem Mut und der Stilsicherheit eines wahren Könners. Was sich verrückt liest, mundet hervorragend!

WEISSES SCHOKOMOUSSE MIT GELBEM PAPRIKA

Zutaten für 4 Personen:
250 g weiße Schokolade
¼ l Schlagobers (Sahne)
1 Ei, 1 Eidotter
2 El Zucker
2 Blatt Gelatine
1 gelber Paprika
ein wenig Olivenöl, Honig und Orangensaft

Den gelben Paprika in Scheiben schneiden. Auf einem Backblech ins 100 Grad heiße Rohr schieben. Nach 10 Minuten mit der Mischung aus Olivenöl, Honig und Orangensaft übergießen. Wenn sich die Haut zu färben beginnt, Paprika aus dem Rohr nehmen und schälen.
Weiße Schokolade über Dampf schmelzen. Ei und Dotter mit dem Zucker schaumig rühren. Mit dem geschlagenen Obers und der in kaltem Wasser aufgelösten Gelatine unter die Schokolade heben. Für zwei Stunden kalt stellen.
Das Schokomousse auf einem Teller mit den Paprikastücken und dem Saft anrichten.

SELLERIEMOUSSE MIT ESSIGSCHAUM UND ERDBEEREN

Zutaten für 4 Personen:
1 St. Sellerie
4 El Vanillezucker
2 Eiweiß
¼ l Schlagobers (Sahne)
3 Blatt Gelatine
75 ml Balsamicoessig
50 g Sirup (Zucker und Wasser 1:1)
12 St. Erdbeeren
dunkles Bier

Den Sellerie schälen und in kleine Stücke schneiden. In einem Wassertopf kochen, bis der Sellerie weich ist. Wasser abseihen und Sellerie pürieren. Eiweiß mit dem Vanillezucker schaumig rühren und unter die Selleriemasse heben. Obers schlagen und ebenfalls unter die Masse heben. Abschmecken und 2 Blatt Gelatine unterrühren. Ca. 4 Stunden kalt stellen.
Balsamicoessig mit Zuckersirup kurz aufkochen; vom Herd nehmen und letztes Blatt Gelatine unterrühren.
In den ISI-Siphon füllen. In der Mitte des Tellers auftragen und ein Nockerl vom Selleriemousse draufsetzen. Mit Erdbeeren belegen und mit einem Glas dunklem Bier servieren.

Patrick verwendet also auch den ISI Profi Whip, wie viele Spitzenköche. Wenn Sie Mousse oder andere schaumige Süßspeisen lieben, sollten Sie die Anschaffung eines solchen Gerätes ernsthaft in Erwägung ziehen. Sie sparen Kalorien und Nerven und nutzen die Geschmacksintensität der Zutaten optimal. Mousse, das im ISI Profi Whip herge-

stellt wird, nennt man »Espuma«. Die Espumas wurden von Ferrán Adriá in seinem legendären Restaurant »El Bulli« in Barcelona entwickelt. Sie bestehen meist aus Früchten oder Gemüse und sind fettfrei, weil man zu ihrer Zubereitung weder Schlagobers noch Eier braucht. Die Zutaten (z. B. Himbeeren, Ananas, Mangos) werden püriert und anschließend mit etwas Flüssigkeit, Zucker und Gelatine im ISI Profi Whip zu Mousse geschlagen. Kinderleicht und wirklich gut! Hier einige Beispiele:

HIMBEER-ESPUMA

900 g Himbeeren
110 g Zucker
5 Blatt Gelatine

Gelatine in Wasser einweichen. Himbeeren mit Zucker aufkochen; pürieren und durch ein feines Sieb streichen. 200 ml des Himbeerpürees auf 60 Grad erwärmen und die ausgedrückte Gelatine darin auflösen. Das restliche Püree unterrühren und die Masse abkühlen lassen. Vor dem Einfüllen in den ISI Profi Whip mit einem Schneebesen aufschlagen.

MINZE-ESPUMA

2 Bund frische Minze
800 ml Wasser
6 Blatt Gelatine
Zucker nach Belieben

Gelatine in Wasser einweichen. Die Minze in einem Topf gefüllt mit 800 ml Wasser blan-

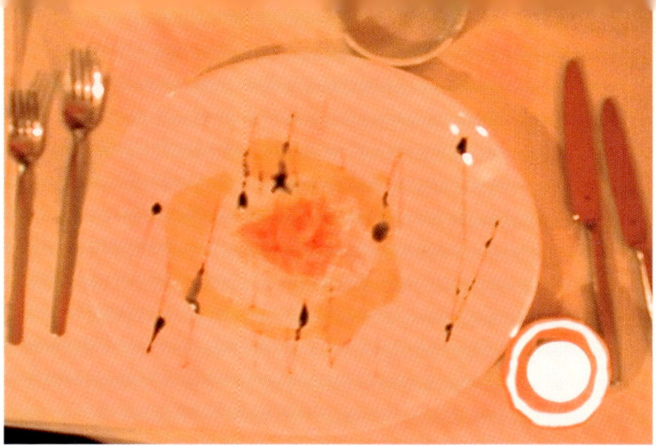

chieren und anschließend pürieren. Durch ein feines Sieb passieren. Die Gelatine einzeln in dem auf 60 Grad abgekühlten Wasser auflösen und mit Zucker abschmecken. Im Kühlschrank abkühlen lassen. Mit dem Schneebesen aufschlagen. Dann in den ISI Profi Whip füllen und auf einen Teller spritzen.

ROTE-RÜBEN-ESPUMA

500 g Rote Rüben
420 ml Wasser
80 ml Balsamicoessig
1–2 Lorbeerblätter
5 Wacholderbeeren
Salz, Zucker
5 Blatt Gelatine

Rote Rüben schälen und in ca. 2 cm dicke Stücke schneiden. In kaltem Wasser mit den Gewürzen und dem Essig aufsetzen. 15 Minuten weich kochen. Vor dem Pürieren die Wacholderbeeren und die Lorbeerblätter entfernen. Durch ein feines Sieb passieren. Die in kaltem Wasser eingeweichte Gelatine ausdrücken und in dem noch warmen Rote-Rüben-Püree auflösen. Mit Salz und Zucker abschmecken. Püree kühl stellen, bis es geliert. Vor dem Einfüllen in den ISI Profi Whip noch einmal mit dem Schneebesen aufschlagen.
Tipp: Servieren Sie diese Espuma zu Matjes!

N

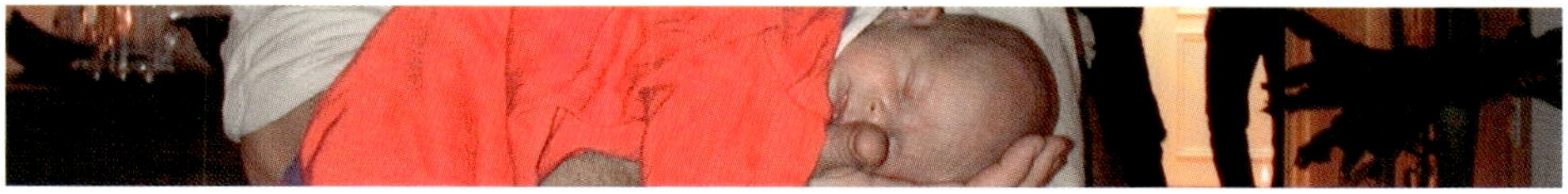

Das ist eine Liebeserklärung an Martin. Er ist der sinnlichste Mensch, den ich kenne. Und für mich der Beweis, dass Männer, die gerne essen und kochen, auch die besten Liebhaber sind.

Ist ja eigentlich logisch. Genießen können, riechen, schmecken, auskosten, dem Körper Zeit schenken – das alles tut der Mensch, wenn er isst, aber auch wenn er liebt. Wenn man sich nichts gönnt, sich kasteit, bei jedem Gramm zu viel auf der Waage sofort dem eigenen Verlangen nach mehr ein strenges Verbot erteilt, wird man unfähig zu geben, sich gehen zu lassen, Lust bis zum Äußersten zu empfinden. Darum bin ich der Meinung: Finger weg von zu schönen, zu perfekten Menschen. Denn diejenigen, die ich kennen gelernt habe, waren oft unfähig, in bestimmten, wichtigen Momenten den Spiegel ihrer Eitelkeit beiseite zu legen und sich ganz und gar dem sinnlichen Spiel hinzugeben. Schöne Menschen lieben schöne Posen – und die können manchmal ganz schön nerven.

Mein geliebter LAP (Lebensabschnittspartner) Martin

Es kann schon vorkommen, dass Martin nach einem opulenten Mahl drei Nachspeisen bestellt. Aber wenn er das tut, kann ich sicher sein, dass er damit Energie tankt für ein berauschendes Nachspiel mit mir. Und jedes Kilo seines Körpers gibt mir die Geborgenheit und Zärtlichkeit, nach denen ich mich sehne. Dieser Mann strotzt vor Kraft und Liebe. Er bringt mich zum Strahlen. Ohne ihn wäre es sehr dunkel. Bleib mir bitte noch lange erhalten!

Mein ältester Sohn ist der Meinung, dass es keine sinnlich machenden Speisen gäbe. »Das ist alles Placebo«, ist er überzeugt. Ich weiß nur, dass ich vor all meinen Schwangerschaften Heißhunger auf Austern, Garnelen und Hummer gehabt habe. Der Körper holt sich ganz sicher, was er braucht. Also Achtung!: Vor Anwendung der nachfolgenden Rezepte bitte unbedingt einen Familienberater konsultieren!

HEISSE SANDWICHES

Zutaten für 4 Personen:
250 g Jakobsmuschelfleisch
1 Knoblauchzehe, fein gehackt
1 kleines Stück Ingwer, fein gehackt
2 Frühlingszwiebeln, in kleine Ringe geschnitten
1 Chilischote, fein gehackt
250 g Faschiertes (Hackfleisch) vom Schwein
Saft von einer halben Limone
fein geriebene Limonenschale
1 Ei
Salz, frischer Pfeffer
Sojasauce
1 Tl Koriandergrün
vier Scheiben Kastenweißbrot, ca. ½ cm dick
Öl

Das Muschelfleisch klein würfeln. Jakobsmuschelwürfel, Knoblauch, Ingwer, Frühlingszwiebeln, Chilischote, Faschiertes, Limettensaft und -schale, Ei, Pfeffer, Salz, Sojasauce und Koriandergrün in einer Schüssel gut vermischen. Die Masse auf die Brotscheiben streichen. Das Öl in der Pfanne erhitzen. Die Brote mit der bestrichenen

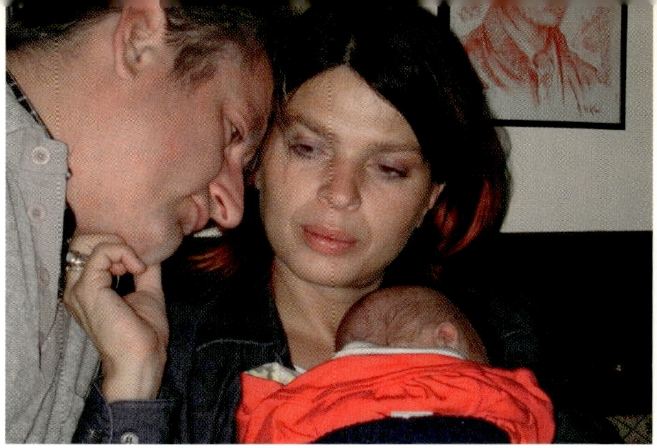

Seite nach unten einlegen und ca. 15 Minuten bei mittlerer Hitze braten. Wenden und auf der anderen Seite ca. 2 Minuten braten. Sandwiches diagonal halbieren und heiß servieren.

AUSTERN AUF BLATTSALAT

Zutaten für 3–4 Personen:
12 Austern, am besten Fines de Claires
120 g Blattsalat, blanchiert
30 g Zwiebeln, fein gehackt
2 El Olivenöl
1 El Balsamicoessig
2 El Sauerrahm
1 El Dille, fein gehackt
Salz, frischer weißer Pfeffer

Für den Sud:
100 g Zwiebeln, fein gehackt
5 Pfefferkörner
2 l Wasser
⅛ l Essig
etwas Salz

Die Sudzutaten 5 Minuten kochen. Die Austern in den Sud legen. Temperatur drosseln, damit das Wasser nicht mehr kocht, und die Austern darin ca. 3 Minuten ziehen lassen. Danach die Austern in Eiswasser legen und abkühlen lassen. Austern öffnen und Bart entfernen. Blattspinat mit Zwiebelstücken, Salz, Pfeffer, Essig und Öl vermischen. Die Spinatmasse in die Unterschale der Austern legen. Eine kleine Mulde bilden und die Austern darauf legen. Den Sauerrahm mit Dille, Salz und Pfeffer verrühren und die Austern damit überziehen.

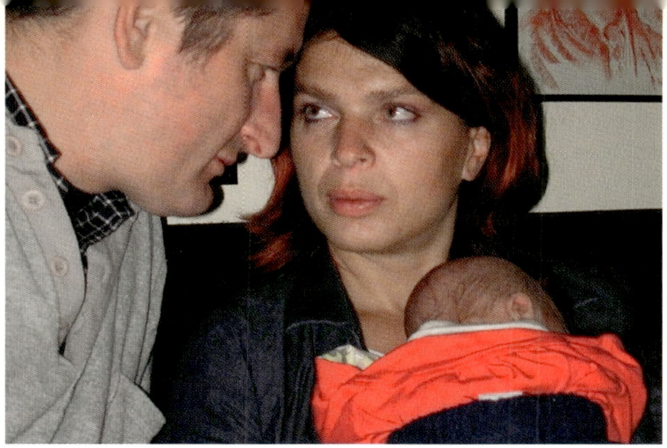

KALIFORNISCHE AUSTERN

Zutaten für 3–4 Personen:
12 Austern

Für die Panade:
2 Eier
100 g Semmelbrösel (Paniermehl)

Für das Gemüse:
8 Scheiben American Bacon
100 g Zwiebeln, in feine Ringe geschnitten
8 Cocktailtomaten
40 g Butter
3 Eier
30 ml Obers (Sahne)
30 g Parmesan
Salz, frisch gemahlener Pfeffer
1 El gehackte Petersilie

Austern öffnen. Dabei die Austern mit der gewölbten Seite nach unten auf ein Tuch legen und mit einer Hand festhalten. Mit einem Austernmesser am Scharnier einstechen, dieses durchtrennen, mit dem Messer rundherum fahren und die obere Klappe abheben.
Für die Panade die Eier aufschlagen und mit einem Schneebesen verquirlen. Austern zuerst ins Ei tauchen, dann in die Brösel.
Den Speck in Streifen schneiden. Die Tomaten halbieren. Speckstreifen in der Pfanne knusprig braten und auf Küchenpapier abtropfen lassen. Zwiebelringe in Butter glasig dünsten. Austern dazugeben und auf jeder Seite eine Minute braten. Die halbierten Tomaten und den Speck dazumischen.
Die Eier, das Obers, Parmesan, Salz und Petersilie verquirlen. Die Mischung zu den Austern in die Pfanne leeren und stocken

lassen. Unter vorgeheiztem Grill kurz goldbraun gratinieren. Salzen und pfeffern.

KREBSSCHWÄNZE

Zutaten für 4 Personen:
2 kg Flusskrebse
Dille
Salz, Kümmel

Salzwasser mit Dille und Kümmel zum Kochen bringen. Die Krebse hineingeben. Sud von der Feuerstelle nehmen und die Krebse darin ca. 3 Minuten ziehen lassen. Die Krebse werden bei Tisch ausgelöst.

NUDELSALAT MIT JAKOBSMUSCHELN

Zutaten für 2 Personen:
Muschelfleisch von 8 Jakobsmuscheln
200 g asiatische Nudeln
2 El Erdnussöl
2 El Sojasauce
150 g roter Paprika, in kleine Stücke geschnitten
100 g Zucchini, in dünne Scheiben geschnitten
50 g Stangensellerie, in dünne Scheiben geschnitten
40 g Frühlingszwiebeln, in Ringe geschnitten
Salz, frischer Pfeffer

Für das Dressing:
1 El Limonensaft
1 El Austernsauce
5 El Sojasauce
2 El milder Essig
4 El Erdnussöl
1 Knoblauchzehe, fein gehackt
Limonenschale, in feine Streifen geschnitten

Öl und Sojasauce verrühren. Muschelfleisch salzen, pfeffern und in die Sauce legen. 15 Minuten im Kühlschrank ziehen lassen. Nudeln laut Anleitung kochen, kalt ab spülen und abtropfen lassen. Für das Dressing Limonensaft, Austern- und Sojasauce sowie Essig verrühren und danach mit den übrigen Zutaten vermischen. Die Nudeln und das vorbereitete Gemüse damit übergießen, durchheben und 10 Minuten ziehen lassen.

Muscheln aus der Marinade nehmen, abtropfen lassen und auf einem vorgeheizten Grill von jeder Seite eine Minute grillen. Das lauwarme Muschelfleisch auf den Salat legen und servieren.

WALDORFSALAT

Zutaten für 3–4 Personen:
250 g Knollensellerie
150 g Äpfel
40 g Walnüsse, gehackt
150 g Mayonnaise

2 El Sauerrahm
Zitronensaft
Salz, frischer weißer Pfeffer

Sellerie schälen und in Streifen schneiden. Dann salzen, pfeffern und mit Zitronensaft beträufeln. Die geschälten und entkernten Äpfel ebenfalls in Streifen schneiden und darunter mischen. Mayonnaise und Sauerrahm verrühren und unter die Sellerie- und die Apfelstreifen heben. Die gehackten Nüsse beigeben.

GRATINIERTER SPARGEL

Zutaten für 4 Personen:
800 g Solospargel
200 g Beinschinken, dünn geschnitten
200 g Butterkäse, dünn geschnitten
Semmel
ein wenig Zucker

Für die Sauce hollandaise:
2 Eidotter
200 g Butter
Zitronensaft
2 El Spargelwasser
Salz

Butter schmelzen und auf ca. 50 Grad abkühlen lassen. Spargelwasser, Eidotter, Salz und Zitronensaft über Dampf schaumig schlagen. Butter unter ständigem Schlagen langsam einfließen lassen und zu einer dicklichen Sauce schlagen. – Mehr Flüssigkeit, falls Sauce dünner werden soll. Mehr Butter, falls sie nicht dick genug ist.
Spargel vom Kopf weg schälen und holzige Teile großzügig wegschneiden. Reichlich

Salzwasser zum Sieden bringen; eine Semmel und ein wenig Zucker hineingeben. – Die Semmel entzieht dem Spargel die Bitterstoffe! Spargel wenn möglich aufrecht hineinstellen, die Köpfe sollten aber von Wasser bedeckt sein.
Der Spargel ist nach ca. 20 Minuten weich gegart. Man kann den Spargel auch mit Butterbrotpapier bedecken und darauf etwa 100 g weiche Butter legen. Die Butter aromatisiert den Spargel.
Danach den Spargel in eine Gratinierschüssel geben und mit Schinken und Käse belegen. Die Spitzen frei lassen. Mit Sauce hollandaise bedecken und ca. 5 Minuten im Backrohr bei extremer Oberhitze gratinieren.

O

Bin ich eine Alkoholikerin, weil ich mich abends auf zwei, drei Gläser Wein freue, nach einem anstrengenden, turbulenten Tag? Wenn ich mit Freunden bis nach Mitternacht zusammensitze und diskutiere, können es auch noch mehr werden. Ich bin nicht die Einzige, die das so praktiziert, doch die meisten reden nicht darüber. Nach strengen ärztlichen Regeln müsste ich die Frage positiv beantworten, weil ich regelmäßig alkoholische Getränke konsumiere, und zwar mehr als das erlaubte »gesunde« Achterl. Andererseits habe ich mich unter Kontrolle, bin nicht betrunken und schaffe es locker, auch ohne Promille das Tagwerk zu beenden. Einmal pro Jahr lege ich einen alkoholfreien Monat ein und habe nicht einmal die Andeutung einer Entzugserscheinung. Das Leben ist halt etwas eintöniger und das Essen bei weitem nicht so rund und vollkommen. Mir schmeckt ein Barolo zum Lammbraten eben wesentlich besser als Mineralwasser oder alkoholfreies Bier. Süße Getränke habe ich mir nach meiner Kind-

heit abgewöhnt. Frische Fruchtsäfte trinke ich nur vormittags. Am besten eignet sich als entspannendes antialkoholisches Getränk abends meiner Meinung nach starker Tee; ich mag den Geschmack der Assam-Blätter am liebsten.

In meinem Bekanntenkreis ist mir aufgefallen, dass viele Bierliebhaber so genannte Spiegeltrinker sind. Das heißt, sie konsumieren ihr Lieblingsgetränk öfter, in größeren Mengen, über den ganzen Tag verteilt und beginnen recht früh damit. Das erste Seiderl wird am Vormittag verkostet; in den späten Abendstunden haben manche bereits einige Liter intus. Trotzdem bezeichnet sich keiner als Alkoholiker. Und wer noch gerade gehen kann und seine Wortspenden ohne schweren Zungenschlag hervorbringt, wird von seiner Umgebung als normal und nüchtern empfunden.

Wann ist man also Alkoholiker? Wann ist die Grenze überschritten?

Ich empfinde den richtigen Umgang mit Alkohol als genauso schwierig wie den mit anderen Sucht- und Rauschmitteln. Mit flatterndem Her-

zen höre ich meinem jugendlichen Sohn zu, wenn er mir erzählt, was er und seine Freunde an einem Wochenende konsumieren. Wobei er dem Alkohol mehr zuspricht als Cannabisprodukten. »Weißt du, Mama, ich kann mit Menschen, die ein paar Bierchen getrunken haben, besser reden als mit Zugekifften. Die hauen sich über Dinge ab, die absolut nicht lustig sind, die sind dann auf einer ganz anderen Welle.« – Ja, die Spiegelkiffer haben bereits nach wenigen Wochen einen ganz anderen Lebensrhythmus, das ist mir auch aufgefallen. Ihre Bewegungen werden langsamer, die Reaktionen gelassener und ihre Grundstimmung ist eine kindlich-freundliche. Ich merke auch, wer von meinen Bekannten Kokain konsumiert. Und zwar nicht so sehr am Sprechdurchfall, sondern an der egoistischen Gier, die sich sehr bald an den Augen ablesen lässt. Ein starkes Kuschel- und Wärmebedürfnis entwickeln Ecstasy-Konsumenten, wenn die aufputschende Wirkung nachlässt, sie wirken, als stünden sie unter Schock.

Ich selbst war erst einmal auf Entzug, und zwar vor zwölf Jahren, als ich mir das Rauchen abgewöhnt habe. Das war heftig! Zwei Tage lang bin ich zähneklappernd und vollkommen elend im Bett gelegen, habe mir gut zugeredet und dabei nicht mit Lob gespart. Nur auf diese Weise war es möglich, radikal auf die Glimmstängel zu verzichten. Bis zu sechzig Stück täglich habe ich in die Luft gepafft. Ich weiß also, was Sucht ist und wie nachlässig man speziell in der Jugend mit dem eigenen Körper umgeht. Gedanken an Krankheit und Tod existieren da noch nicht. Das kommt erst später. Deshalb habe ich meinem Sohn das Rauchen auch nicht verboten. Die Sucht kann man nur kontrollieren, wenn man offen und ehrlich damit umgeht, sich ständig selbst hinterfragt und auch die Beobachtung der Umgebung zulässt. Heimlichtuerei führt in immer stärkere Abhängigkeitsverhältnisse. Deshalb bin ich auch für eine streng kontrollierte Abgabe von allen Sucht- und Rauschmitteln, ob das nun Alkohol, Nikotin, Haschisch, Heroin, Kokain oder synthetische Drogen sind: Nur durch Legalisierung aller Suchtgifte ist das weltweite Drogenproblem, das mittlerweile sämtliche Kulturkreise haben, in den Griff zu bekommen.

Beschwipste Küche

Wein genieße ich nicht nur in schönen Gläsern – mit denen geht es mir übrigens wie mit gebrauchten Socken, sie verschwinden auf rätselhafte Art und Weise im Laufe der Zeit –, Wein schmeckt mir auch im Kochtopf hervorragend. Auch der »Kochwein« darf kein billiger Fusel sein, je edler, desto besser der Geschmack! Und noch ein kurzes Plädoyer für den Roten: Er killt die so genannten Freien Radikalen und schützt uns daher vor Herzinfarkt. Besonders geeignet sind die Roten aus dem Burgund, aber auch aus Österreich, weil hier die Sommer nicht so heiß wie in Italien oder Kalifornien sind.

WEINSUPPE

Zutaten für 4 Personen:

½ l Rindsuppe (Fleischbrühe)
200 ml trockener Weißwein
5 Eidotter
¼ l Schlagobers (Sahne)
1 Prise Salz
Semmelwürfel
20 g Butter
Zimt

Rindsuppe und Weißwein zum Kochen bringen; vom Herd nehmen. Obers und Eidotter rühren und mit einem Schneebesen nicht zögerlich in die Suppe einarbeiten. – Die Suppe darf dabei auf keinen Fall kochen. Suppe würzen. Semmelwürfel in heißer Butter goldbraun rösten. Suppe mit Semmelwürfeln und Zimt servieren.

MIESMUSCHELN IN WEISSWEINSUD

Zutaten für 4 Personen:
3 kg Miesmuscheln
100 g Zwiebeln, fein gehackt
2 Knoblauchzehen, in Stücke geschnitten
120 g Karotten, klein gewürfelt
60 g Petersilienwurzel, in kleine Stücke geschnitten
100 g Stangensellerie, in kleine Stücke geschnitten
Schale und Saft von einer Zitrone
3 El Olivenöl
300 ml trockener Weißwein
2 El gehackte Kräuter
Salz, frischer Pfeffer

Miesmuscheln unter fließendem kaltem Wasser gut waschen. Falls Sandreste vorhanden sind, gut abbürsten. Barthaare mit den Fingern abziehen. Geöffnete Muscheln unbedingt entfernen! Muscheln in einem Sieb gut abtropfen lassen.
Olivenöl in einem großen Topf (Muscheln müssen darin Platz finden!) erhitzen und die Zwiebelstückchen darin glasig dünsten. Gemüse zufügen und alles 5 Minuten anrösten; dabei ständig rühren. Zitronenschale und Muscheln dazugeben. Mit Weißwein und Zitronensaft aufgießen. Kräuter einstreuen und alles mit Pfeffer würzen. Zugedeckt aufkochen lassen. Die Hitze reduzieren und die Muscheln in diesem Sud ca. 8 Minuten dämpfen. Dabei den Topf immer wieder kräftig rütteln. – Muscheln, die nach dem Dämpfvorgang noch geschlossen sind, ebenfalls aussor-

tieren. Auch sie könnten verdorben sein.
Den Muschelsud mit Salz und Pfeffer abschmecken und mit den Muscheln servieren.

BRASATO AL BAROLO

Rinderschmorbraten in Barolo

Zutaten für 4 Personen:

1 kg Rinderbraten am Stück ohne Knochen
1 Flasche tanninreicher Rotwein, am besten Barolo oder Barbera
3 El Branntwein
6 El Olivenöl
2 Karotten, in dünne Scheiben geschnitten
2 Lorbeerblätter
3 Selleriestangen, in feine Scheiben geschnitten
2 mittlere Zwiebeln, geschält und halbiert
1 Zweiglein frischer Rosmarin
1 Tl grob geriebene Pfefferkörner
½ Zimtstange
2 ganze Gewürznelken
Meersalz, frischer schwarzer Pfeffer

Rindfleisch, Wein, Branntwein, 3 El des Olivenöls, Karotten, Lorbeerblätter, Selleriescheiben, Rosmarin, groben Pfeffer und Zimtstange in einen feuerfesten Bräter von drei Litern Inhalt geben. Die Zwiebelhälften mit je einer Gewürznelke bestecken und dazugeben. Zugedeckt 12–24 Stunden an

einem kühlen Ort ziehen lassen. Das Fleisch gelegentlich wenden.
2 Stunden vor der Zubereitung des Fleisches den Topf in die Küche stellen, damit der Inhalt Zimmertemperatur erreicht.
Fleisch aus der Marinade nehmen und trockenreiben. Marinade in ein anderes Gefäß leeren und dieses beiseite stellen. Den Bräter auswaschen und trocknen. Die restlichen 3 El Olivenöl hineingeben und das Öl erhitzen. Rindfleisch darin von allen Seiten gleichmäßig bräunen. Großzügig salzen und pfeffern.
Marinade in den Bräter geben; knapp zum Kochen bringen. Dann die Hitze reduzieren und den Topf zudecken. Etwa 3 Stunden leise köcheln lassen, bis das Fleisch zart ist. Von Zeit zu Zeit wenden und darauf achten, dass nicht zu viel Flüssigkeit verdampft. Am Schluss sollte ca. ein Viertelliter Sauce übrig sein.

Vor dem Servieren das Fleisch gegen die Faser in dicke Scheiben schneiden und auf eine vorgewärmte Servierplatte legen. Die Sauce durch ein Sieb laufen lassen und die festen Rückstände wegwerfen. Die Flüssigkeit abschmecken und über das Fleisch schöpfen.

ABBACCHIO ALLA CACCIATORA

Lammbraten in Weißwein

Zutaten für 4 Personen:

1,25 kg Lamm (Keule, Schulter oder Hals)
3 El Olivenöl
10 Sardellenfilets, abgetropft und fein gehackt
¾ Tl grob gestoßene Pfefferkörner
250 ml trockener Weißwein (als Alternative kann man auch Rotwein verwenden!)

60 ml guter Rotweinessig
3 große Knoblauchzehen, fein gehackt
½ Tl Origano
1 Tl Mehl
Meersalz, frischer schwarzer Pfeffer

Das Öl, einen Teil der Sardellenfilets und den groben Pfeffer in einen feuerfesten großen Topf (ca. 6 Liter Inhalt) geben und bei mittlerer Hitze 2–3 Minuten garen. Das in 8 cm große Würfel geschnittene Lamm hineingeben und etwa 3–4 Minuten auf jeder Seite anbräunen. Nicht das ganze Fleisch auf einmal einfüllen, sondern nach und nach, damit die Stücke die Bratflüssigkeit gut aufnehmen können. Das Fleisch großzügig salzen und pfeffern. Wein, Essig und Knoblauch dazugeben. Den Topf zudecken; die Hitze weiter reduzieren und das Fleisch ca. eine Stunde garen.

Zum Servieren das Fleisch auf eine vorgewärmte Platte legen und die Platte mit Alufolie abdecken. Sauce im Topf lassen und bei schwacher Hitze warm halten.
Für die Fertigstellung der Sauce die restlichen Sardellenfilets, den Oregano, das Mehl und 3 El der Sauce in einer kleinen Schüssel gut verrühren. Diese Mischung zu der Sauce im Topf geben. 1–2 Minuten bei schwacher Hitze rühren, bis das Mehl die Sauce dicklich gemacht hat. Abschmecken und mit den Lammstücken servieren.

CHAUDEAU

Zutaten für 4 Personen:
150 ml Weißwein (kann ruhig ein fruchtiger sein)
50 g Staubzucker
etwas Zitronensaft
40 ml Grand Marnier
6 Eidotter

Alle Zutaten glatt verrühren. Im Schneekessel über Dampf mit einem Schneebesen schaumig-warm schlagen.
Mit Biskotten oder als Sauce zum Vanilleeis servieren.

P

Sie kennen das bestimmt: Gäste haben sich angesagt. Am Vormittag hetzt man vom Lieblingsfleischhauer zum Käsegeschäft, fährt schnell zum Naschmarkt und klappert die diversen Fischstände ab, lädt frisches Obst und Gemüse in den Einkaufswagen, kann sich nicht entscheiden, welche Zutaten man für die Nachspeise besorgen soll, weil man am liebsten eine fertige kaufen würde, was aber an der mangelnden Auswahl scheitert. Wird immer hektischer, weil einem sonst die Vinothek vor der Nase zusperrt. Ärgert sich, dass man die Gästerunde nicht gleich ins Viersternerestaurant eingeladen hat, teurer würde das auch nicht kommen. Zu Hause werkt man dann stundenlang allein in der Küche, ist besonders von den unangenehmen Vorarbeiten genervt – wozu ich insbesondere Zwiebel schneiden, Knoblauch pressen und Erdäpfel schälen zähle. Man hat die Vorspeise viel zu früh fertig und zittert, ob nun die knackigen Salatblätter rapide dahinwelken werden. Schiebt den Braten zu spät ins Rohr. Verliert zunehmend

Master of Crew: Wolfgang Oberlik …

die Lust, noch eine Suppe zuzubereiten. Muss sich eingestehen, dass die Tischdekoration wieder nicht so geschmackvoll komponiert ist, wie man das bei anderen Gastgebern vorgeführt bekommen hat. Erschrickt, weil die Klingel schrillt und man noch in der Schürze und optisch derangiert ist. Freut sich über die Blumen und findet keine passende Vase. Möchte sich am liebsten mit den Gästen und einem Aperitif auf die Couch schmeißen. Man muss aber den Braten im Rohr beobachten, den Risottoreis rühren und das Obers für die Nachspeise schlagen. Serviert die Vorspeisen, schlingt die eigene in aller Eile runter, weil die Suppe noch ein paar Gewürze braucht. Ist erst nach dem ersten Bissen vom Braten beruhigt, weil das Fleisch so mürbe ist, wie der Fleischhauer es versprochen hat. Versucht den Faden bei einem der angeregten Gespräche zu finden, die sich mittlerweile, auf verschiedene Grüppchen aufgeteilt, entwickelt haben. Gibt irgendwann auf, zieht sich in die Küche zurück, wühlt sich durch den Geschirrberg, beginnt mit den Aufräumungsarbeiten und freut sich, dass die anderen einen schönen Abend gehabt haben. – Eigentlich ist das eine schwachsinnige, stark verbesserungswürdige Aktion.

Wie man Gäste und Spaß perfekt unter einen Hut bringt, habe ich im Haushalt von Wolfgang Oberlik und Brigitte Burtscher gelernt. Das Architektenpaar hat sich auf der Spitze eines Hügels im Wienerwald seinen perfekten Wohntraum verwirklicht. Ein stolzes Haus aus Sichtbeton, Glas und Holz, mit einem loftartigen Wohnraum, dessen Zentrum die Küche und der Esstisch sind. Besonders beneide ich die beiden um den großen Herd, der mit Holz angefeuert wird. Hier kann man wirklich nach Herzenslust kochen, kein Wunsch bleibt unerfüllt. Es ist ein gastfreundliches Haus, wie selbstverständlich stehen jederzeit die Türen offen. Wolfgang und Brigitte brauchen sich nicht vor dem Alleinsein zu fürchten, Langeweile ist ihnen unbekannt, in ihrem Haus ist immer etwas los. Gäste werden nicht bekocht, sie werden in alle Arbeiten mit eingebunden. Wie viel Freude das gemeinsame Werken in der Küche macht, wissen wir spätestens seit »Taxi Orange«. Es geht halt nichts über ein zeitlich begrenztes Kommunengefühl! Auf diese Weise entstehen immer neue Kreationen, weil wertvolle Erfahrungen untereinander ausgetauscht werden. Auf die Gästeauswahl braucht keine Rücksicht genommen zu werden: Beim Kochen kommen die Leut tatsächlich zusammen! Gegessen wird, wenn alle Speisen fertig sind. Falls es einen Gast gibt, der in der Küche zwei linke Hände hat, darf er den Tisch decken oder den Geschirrspüler betreuen.

... wäre ohne Brigitte Burtscher nur halb so gut

Doch bei Wolfgang und Brigitte wird selbst der überzeugteste Haushaltsmuffel zum Meisterkoch-Aspiranten. Ihr Haus ist ein außergewöhnlicher Zufluchtsort. Besser kann es keinem Architekten der Welt gelingen!

Ein Abend bei
Brigitte und Wolfgang

BLÜTENTOPFEN

(ein origineller Brotaufstrich)

2 Hände voll Blüten von aromatischen Pflanzen, wie Majoran, Sonnenblume, Salbei, Minze, Lavendel, Basilikum, Kapuzinerkresse etc.
Salz, frischer roter Pfeffer
250 g Topfen (Qark), passiert

Bei den Blüten alle grünen Teile entfernen. Sie würzen und mit dem Topfen cremig rühren. Im Kühlschrank ca. 6 Stunden ziehen lassen.

ERBSENSUPPE

Zutaten für 4 Personen:
400 g ausgelöste grüne Erbsen
50 g Butter
Petersilie, fein gehackt
ein wenig Obers (Sahne)
Salz, frischer grüner Pfeffer

Erbsen weich kochen. Kochwasser aufheben. Die Erbsen passieren. Butter und Petersilie mit Erbsenwasser aufgießen und gut verkochen. Mit den passierten Erbsen vermischen; salzen, pfeffern und nochmals kurz aufkochen. Mit einem Pürierstab etwas Obers in die Suppe schlagen. Falls vorhanden, mit Erbsenblüten servieren.

Nomen est Omen. Architekt Wolfgang Oberlik hat folgendes Rezept für mein Kochbuch gewählt, mit freundlichen Grüßen an Namensvetter Obelix!

WILDSCHWEINBRATEN

Zutaten für 4 Personen:
1 ½ kg Wildschweinbraten, am besten vom Schlögel
2 Karotten, würfelig geschnitten
1 Sellerieknolle, würfelig geschnitten
Kümmel und Wacholderbeeren, im Mörser zerstoßen
2 Knoblauchzehen, gepresst
Majoran
Salz, frischer schwarzer Pfeffer
Butterschmalz
½ l Rindsuppe (Fleischbrühe)
100 g Obers (Sahne)

Fleisch mit Salz, Pfeffer, Wacholderbeeren, Kümmel, Knoblauch und Majoran einreiben. Karotten- und Selleriewürfel kurz in Butterschmalz anrösten und mit der Rindsuppe aufgießen. Fleisch in den Bräter dazugeben und im vorgeheizten Backrohr bei 180 Grad 1 Stunde und 45 Minuten braten. Dabei öfters mit Bratenflüssigkeit übergießen. Danach das Fleisch herausheben und warm stellen. Bratenfond mit dem Pürierstab mixen, damit das Gemüse sämig wird und eine dickliche Sauce entsteht. Durch ein Sieb streichen. Mit Obers verfeinern.

SCROPINO

(eine Alternative zum Sorbet)

Zitroneneis und Gin mit Schneebesen verrühren. Mit Sekt oder Frizzante aufgießen.

STERNANISMOUSSE MIT DATTELN

Zutaten für 4 Personen:
40 dag Datteln
3/8 l Milch
2 El Kakao
2 cl Whiskey

Für das Mousse:
4 Dotter
50 g Zucker
1 El Amaretto
2 El Pernod
2 Blatt Gelatine
12 dag Mascarino
2 El Sternanis, gemahlen und gesiebt
1/8 Liter Schlagobers (Sahne)

Datteln heiß überbrühen und schälen. Milch und Kakao einmal kurz aufkochen und die Datteln darin 3–4 Minuten köcheln lassen. Whiskey dazugeben. Alles auf Zimmertemperatur abkühlen lassen.
Für das Mousse Dotter, Zucker, Amaretto und Pernod über Dunst schaumig schlagen und dann kalt weiterschlagen. Die im Wasser aufgelöste Gelatine und Mascarino in die Grundmasse einrühren; mit Sternanis würzen. Das geschlagene Obers unterheben. In einer Form mindestens zwei Stunden kalt stellen. Moussestücke auf einem Teller anrichten und mit den Datteln servieren.

Q

Liebeskummer schlägt einem auf den Magen. Wobei sich dieser hoch empfindliche Körperteil zwei vollkommen unterschiedliche Reaktionen vorbehält. Entweder er knurrt und verlangt nach Futter. Oder er schmollt und rollt sich beleidigt zusammen. Ich bin ein Knurrtyp, bei Herzschmerzen gelüstet es mich besonders nach hauchdünnen Parmesanblättchen und getrüffeltem Olivenöl. Dazu kaue ich gern zwei, drei Basilikumblätter im Ganzen. Weggespült wird dieses Magentrostpflaster mit Wein aus dem Piemont. Hat mich ein besonders lieber Mensch verletzt, trinke ich einen Bordeaux. Ein guter Wein macht schließlich kein Kopfweh. Eifersucht löst bei mir am häufigsten Liebeskummer aus. Ich habe schon oft versucht, diesem negativen Gefühl, das ja eigentlich nichts anderes als eine geballte Ladung Misstrauen gegenüber einem geliebten Menschen ist, Frau zu werden. Unmöglich. Ich kann nicht richtig dosieren. Vergeht die Eifersucht, erlischt gleichzeitig die Leidenschaft. Mit dem Kopf kann ich

meine Gefühlswelt nur sehr grob und vollkommen ungenügend strukturieren.

Auch semantisch komme ich dem Wort Eifersucht nicht näher. Was heißt das eigentlich – Sucht nach Eifer? Eifer im Sinne von Fleiß? Heißt Eifersucht also, dass ich besonders fleißig sein will, besonders eifrig? Mein Hauspsychiater meint, Eifersucht sei die Angst vor dem Vergleich. Diese Erklärung hat mir anfangs nicht schlecht gefallen. Ein eifersüchtiger Mensch genießt also Bewunderung und fährt gern auf der Siegerstraße. Steht er im Schatten anderer, regt sich Missgunst. Das klingt kleinkariert und neidig. Zwei Eigenschaften, die nicht zu mir passen. Ich bin ein guter Verlierer. Wenn meine Kontrahenten besser sind, trete ich gern ein paar Schritte zurück. Also kann das mit der Angst vor dem Vergleich auch nicht ganz stimmen.

Am meisten bin ich auf Frauen eifersüchtig, die nur mein geliebter Mann kennt und die ich daher nicht einordnen und taxieren kann. Wenn diese Frau mir gegenüber noch dazu einen zeitlichen Vorsprung hat, beginnt mein Magen zu knurren. Kurz gesagt, ich habe Probleme mit meinen Vorgängerinnen – komischerweise nicht mit meinen Nachfolgerinnen. Wenn Letztere auf die Bühne treten, tanze ich bereits auf der nächsten Hochzeit – aus reinem Selbstschutz, versteht sich.

Eifersucht ist für meinen Partner also ein guter Indikator, ob ich noch für ihn glühe oder ob ich bereits zum Eiszapfen mutiert bin, der sich nach der wärmenden Sonne sehnt, die ihn wieder zum Schmelzen bringt. – Um ein kitschiges Bild zu verwenden.

Ich verstehe Männer wie Boris Becker nicht. Und doch ahne ich, dass dieser Teufel, der Boris weg von seiner Babs getrieben hat, in fast allen Paaren steckt. Ich habe es selbst erlebt. Am Beginn jeder Liebe sind Mann und Frau bereit, einander alles zu geben. Ultimativ wird diese Hingabe durch ein gemeinsames Kind ausgedrückt – das größte Geschenk, das zwei Liebende einander geben können. Und dann beißt meist die Frau in den sauren Apfel, versucht den verschiedenen Ansprüchen gerecht zu werden: pflegt, hütet, kocht, wäscht, bügelt, putzt, arbeitet, verführt, um sich letztendlich den Vorwurf gefallen lassen zu müssen, nicht genügend Zeit – für die Kinder oder für den Haushalt, für die Arbeit und natürlich auch für den Mann – zu haben.

Wie oft bin ich abends todmüde, unfähig, noch eine Gute-Nacht-Geschichte vorzulesen oder die richtigen Fragen zu stellen, damit mich mein Geliebter über seine augenblickliche berufliche Befindlichkeit auf dem Laufenden hält. »Wie war dein Tag heute?« ist da zu wenig. Da gibt's bloß ein knappes »Geht so« als Antwort. Dazwischen schreit Baby Tim und Boris braucht noch eine Unterschrift im Mitteilungsheft. Benjamin kommt spät mit einem Riesenhunger von der Arbeit heim und motzt über das aufgewärmte Essen, das zu Mittag übrig geblieben ist. Paul ist verzweifelt, weil er schon den dritten Tag auf seine täglich zu absolvierenden Geigeübungen vergessen hat.

An und für sich ist das ein ganz normales Familien-Tohuwabohu, nicht uncharmant, aber zeitweise nervenaufreibend und kräfteraubend. Da gibt es dann Momente, in denen man sich nach einem kuscheligen,

stressfreien Zufluchtsort sehnt, und der ist zwangsläufig nicht beim überlasteten Partner. »Kuscheln? Sag mal, siehst du nicht, was noch alles zu tun ist? Also, ich bin frühestens in drei Stunden fertig und dann, das kannst du mir glauben, fall ich wie ein Stein ins Bett!«

Wenn Zurückweisungen zur Regel werden, wird jeder Mensch für außereheliche Verlockungen offen. Das beste Rezept dagegen: Kinder – Time-out, ein paar Stunden exklusiv für die Partnerschaft. In leichten Fällen genügt ein Restaurantbesuch, in schweren Fällen braucht es ein Wochenende im Wellness-Hotel, in absoluten Notsituationen muss es schon ein Städteflug sein.

Ich habe jedenfalls nach einer gescheiterten Ehe vor, es beim nächsten Mal besser zu machen. Ins Restaurant gehe ich wöchentlich, das Wellness-Hotel gibt's alle zwei Monate. Der Städteflug war noch nicht notwendig, aber mein Fernweh wächst ...

Gegen alles ist ein Kraut gewachsen ...

Ich hab's schon erwähnt: Bei Liebeskummer überfällt mich ein Heißhunger auf frische Kräuter. Bei folgenden Rezepten werde ich das Gefühl nicht los, dass sie, wie von Hexenhand gerührt, Balsam für die angeknackste Seele sind.

GÄNSEBLÜMCHENCREMESUPPE

Zutaten für 4 Personen:
3 Hand voll Gänseblümchenblüten
2 gekochte Kartoffeln
1 Tasse Wasser
¾ l klare Gemüsesuppe
1 El Mehl
4 El Sauerrahm
Salz, frischer schwarzer Pfeffer
geriebene Muskatnuss
4 Scheiben Toastbrot
25 g Butter
100 g Obers (Sahne)

Die Blüten waschen und gut abtropfen lassen. Einige Blüten beiseite legen, die restlichen klein hacken. Die gekochten Kartoffeln würfeln. Blüten und Kartoffelstücke im Wasser kurz aufkochen lassen. Pürieren und mit der klaren Gemüsesuppe aufgießen. Mehl und Rahm mischen und in die Suppe rühren. Mit Salz, Pfeffer und Muskatnuss abschmecken. Toastbrot würfeln und in der heißen Butter knusprig braten. Obers steif schlagen. Suppe in Teller gießen; mit den Brotwürfeln bestreuen und mit 1 El Obers und ein paar Gänseblümchen garnieren.

PFEFFERMINZREIS

Zu schnell abgebratenen Schollenfilets mache ich mir gerne diesen Reis. Auch er erfrischt und erhellt das Gemüt.

Zutaten für 4 Personen:
250 g Reis im Kochbeutel
1 El Butter
2 Pfefferminzzweige
Pfefferminzblätter zum Garnieren

Den Reis in Salzwasser nach Anleitung kochen. Die Butter und die Pfefferminzzweige dazugeben. Reis aus dem Wasser nehmen und abtropfen lassen. Garniert mit frischen Pfefferminzblättern servieren.

KORIANDERHÜHNERKEULEN

Zutaten für 4 Personen:
8 Hühnerkeulen
170 g Butter
2 El Sonnenblumenöl
1 El flüssiger Honig
1 El Dijonsenf
1 Tl zerstoßener Koriandersamen
1 Tl frisch gemahlener schwarzer Pfeffer
4 Tassen Paniermehl (Alternative: geschälter Sesam)
Koriandergrün

Die Hühnerkeulen waschen, mit Küchenkrepp abtupfen und fünf Minuten grillen; dabei mehrmals wenden. Butter, Öl und Honig miteinander verrühren und erwärmen, bis eine cremige Konsistenz erreicht wurde. Senf, Koriandersamen und Pfeffer in diese

Sauce rühren. Die Hühnerkeulen damit bestreichen. Danach in Paniermehl wälzen. Backrohr vorheizen und die Hühnerkeulen bei 180 Grad ca. 25 Minuten braten. Mit Koriandergrün garnieren.

BASILIKUMSPAGHETTINI

Wie gesagt: Gerne esse ich gehobelte Parmesanblättchen mit Trüffelöl und dazu kaue ich Basilikumblätter. Das ist ein Blitzrezept, wenn der Liebeskummer besonders akut ist. Möchte ich mich in der Küche ablenken, dann mache ich mir manchmal auch diese Spaghettini.

Zutaten für 4 Personen:
250 g Spaghettini
4 El Olivenöl
2 El Zitronensaft
½ Bund frisches Basilikum
½ Bund Petersilie
2 geschälte Knoblauchzehen
Salz, frischer Pfeffer
geriebene Muskatnuss
1 El Trüffelöl
Parmesan

Das Öl mit dem Zitronensaft verrühren. Die Kräuter fein hacken und mit den zerdrückten Knoblauchzehen in das Öl rühren. Das Öl bei mäßiger Hitze ca. 5 Minuten ziehen lassen. Danach unter die heißen, gut abgetropften Spaghettini ziehen. Mit Salz, Pfeffer und Muskatnuss würzen. 1 El Trüffelöl einrühren. Parmesan darüber reiben und mit zwei Basilikumblättern, die man sich beiseite gelegt hat, garnieren.

LAVENDELEIS

Zutaten für 4 Personen:
5 Lavendelblütenähren
1 Ei
¼ l Milch
3 El Zucker
½ Tl Vanilleessenz
4–5 Esslöffel Panna (italienische Haltbarsahne)
Lavendelzweige

Die Blütenblätter von den Ähren abstreifen. Das Ei verquirlen. Milch mit Zucker und Lavendelblüten erhitzen. 20 Minuten ziehen lassen. Milch zu dem verquirlten Ei rühren. Wieder aufkochen lassen. Die Hitze reduzieren und die Flüssigkeit unter ständigem Rühren eindicken lassen. Durch ein Sieb in eine Schüssel passieren. Die Vanilleessenz dazugeben. Die Sauce abkühlen lassen. Die Panna leicht schlagen und unter die Lavendelsauce heben. Diese Masse in die Eismaschine geben oder in Behältern einfrieren; nach 30 Minuten nochmals umrühren. Mit Lavendelzweigen garniert servieren.

ROSENBLÜTENSORBET

Zutaten für 4 Personen:
½ Tasse Zucker
2 Tassen Wasser

geriebene Schale und Saft von 2 Zitronen
375 g frische Rosenblütenblätter
2 Tl Rosenwasser
1 Eiweiß

Zucker, Wasser und Zitronenschale in einem Topf aufkochen und so lange rühren, bis sich der Zucker aufgelöst hat; dann ca. 5 Minuten weiterköcheln lassen. Die Rosenblätter zufügen. Topf vom Herd nehmen und die Flüssigkeit abkühlen lassen. Durch ein Sieb passieren. Den Zitronensaft und das Rosenwasser zufügen. Diese Mischung zwei Stunden ins Gefrierfach geben. Die Masse in eine Schüssel füllen. Eiweiß zu einem festen Schnee schlagen und unter die Masse heben. Das Ganze im Tiefkühlfach gefrieren lassen.

R

Ich habe vier Söhne. Ab Kind Nummer zwei habe ich immer auf eine Tochter gehofft. Mir sind aber nur männliche Exemplare geglückt. Ein Mentaltrainer gab mir den Ratschlag, mich selbst zu analysieren: Ob ich nicht vielleicht im Innersten gar keine Tochter wolle – meinen weiblichen Stammbaum mit mir quasi beenden wolle?

Interessante Frage. Was könnte mich davon abhalten, das weibliche Geschlecht zu reproduzieren? Warum möchte ich keine Mädchen auf die Welt bringen? Lehne ich mich als Frau selbst ab?

Als ich neulich mit einer Freundin über die Vorteile, in dieser Gesellschaft ein Mann zu sein, philosophierte, meinte sie abschließend: »Trotz aller Nachteile, ich möchte mit keinem Kerl tauschen.« Ohne zu überlegen widersprach ich ihr sofort. Ja, doch, ich hätte lieber einen Pimmel. Mit ein wenig Wehmut und Trauer würde ich mich von dem einzigen weiblichen Privileg verabschieden: Ein Kind in sich reifen lassen zu dürfen ist ein Wunder, das ich so genossen habe wie sonst nichts in meinem Leben. Trotzdem: Wäre ich ein Mann, hätte ich ja keine Ahnung, was mir entginge. Jedoch könnte ich:

1. ... mit gespreizten, weit ausgestreckten Beinen verdammt sexy herumlümmeln.
2. ... meine Sekretärin durch kleine Aufmerksamkeiten, forsche Sprüche und bloß einen intensiven Blick pro Tag willig machen.
3. ... mir heimlich eine Geliebte leisten und mir dafür von meinen Bekannten augenzwinkernd auf die Schulter klopfen lassen.
4. ... mich täglich von meiner Frau bekochen lassen.
5. ... mir morgens die frisch gebügelte Wäsche aus dem Schrank nehmen und keinen Gedanken daran verschwenden, wie sie denn da reingekommen ist.
6. ... meine Kinder nach Lust und Laune betreuen, wann immer es mein Terminkalender erlaubt.
7. ... mir trotz Karriere und Familie ein außerhäusliches Hobby leisten, dem ich täglich nachkommen könnte.
8. ... in Ruhe altern, ohne an Attraktivität zu verlieren.
9. ... in Umkleidekabinen von Fußballplätzen mit Geschäftspartnern und anderen nützlichen männlichen Zeitgenossen dezent Lobbyismus betreiben.
10. ... Menschen selbst in kniffligen Konkurrenzsituationen mit großzügiger Fairness behandeln.

Kurz gesagt: Ein Männerleben ist mit weniger Stress verbunden. Wir Frauen haben in den letzten Jahrzehnten kaum an Unabhängigkeit gewonnen. Es sei denn, SIE hat sich für ein Singleleben ohne Kinder entschieden. Doch auch diesen Lebensweg konnte man in früheren Jahrhunderten bereits wählen; allerdings befand sich das schmucke Singleapartment hinter Klostermauern. Meine Güte, Sex mit Männern hat es dort halt nicht gegeben, doch durch diese Entbehrung wäre uns die einzig und allein selig machende Erfüllung auch nicht entgangen.

Von erfolgreichen Frauen erwartet man heutzutage, dass sie eine ansehnliche berufliche Karriere und mindestens ein Bilderbuchkind und einen nicht minder feschen Partner unter einen Hut bringen. Es wird ihnen also eine Dreifachbelastung zugemutet. Obendrein verzichten die meisten – der Emanzipation sei Dank – auf männliche Galanterien. Was bei mir zur Folge hat, dass ich mir seit Jahren Blumen selber kaufe, mich aus meinem Mantel allein rausschäle, keinen Pelz trage und die romantischste aller Fragen noch nie beantworten durfte, weil ich sie meinem Exmann damals selbst stellen musste.

Wo ist der Motor …

… meines Schlagloch-Suchgeräts?

Es ist mir schon passiert, dass einer meiner Gäste die Ergebnisse meiner Kochkünste verweigert hat.
Mein Freund Alfred zum Beispiel hasst Lamm, was ich erst registriert habe, als er mit langem Gesicht vor dem beladenen Teller saß. Es gab nur zwei Auswege aus der Misere: entweder einen Notruf beim Pizzadienst oder schnell zurück in die Küche, um folgendes Alternativgericht zu zaubern.

EIERSPEISE

Zutaten für 3–4 Personen:
4 Eier
15 g Butter
1 Schalotte, fein gehackt
Schnittlauch
2 El Olivenöl
Salz

In einer kleinen Pfanne die Schalotte in heißem Öl glasig dünsten. Beiseite stellen. Eier in eine Schüssel schlagen. Mit einer Gabel kurz aufschlagen. – Aber Achtung, das Eiweiß sollte noch erkennbar sein. Salzen. In einer passenden Pfanne die Butter erhitzen und leicht bräunen. Eier eingießen, anstocken lassen und mit einer Gabel durch die Masse mehrere Striche ziehen. Gedünstete Schalotte darauf verteilen. Die Eimasse leicht stocken lassen. Auf Tellern anrichten und mit Schnittlauch bestreuen.

EIER IM GLAS

Zutaten:
gewünschte Anzahl an Eiern
Salz

So viel Wasser zum Kochen bringen, dass die Eier untergehen. Eier mit Nadel oben picksen und mit Löffel vorsichtig einlegen. Circa 4 Minuten kochen lassen. Kurz mit sehr kaltem Wasser abschrecken. Jedes Ei vorsichtig öffnen und mit einem kleinen Löffel aus der Schale in ein schönes Stielglas streichen.

POCHIERTE EIER

Essigwasser
gewünschte Anzahl an Eiern
Eiswürfel

Essigwasser fast bis zum Sieden bringen. Die Eier in einer kleinen Schüssel aufschlagen und danach ins Wasser gleiten lassen. Eier mit zwei Löffeln »umarmen«, damit sie eine schöne Façon bekommen. Knapp unter dem Siedepunkt ca. 5 Minuten ziehen lassen. Danach in ein Eiswürfelwasser umbetten, mit einem Schöpflöffel rausfischen und auf ein sauberes Tuch legen. Wegstehende Eiweißenden mit einem Messer entfernen.

EIER BENEDICTINE

Zutaten für 4 Personen:
4 Toastbrotscheiben
4 Eier, pochiert
4 Scheiben Schinken
120 g Blattspinat, blanchiert (kurz in kochendes Wasser gelegt)
Schinkenstreifen
⅛ l Sauce hollandaise (Zubereitung wie beim gratinierten Spargel beschrieben)
geriebener Parmesan
20 g Butter
Salz, frischer schwarzer Pfeffer

Butter erhitzen. Spinat würzen. Goldbraun getoastetes Brot mit einer Schinkenscheibe belegen und Spinat darauf verteilen. Die noch warmen pochierten Eier darauf setzen. Die belegten Toastbrotscheiben in eine feuerfeste Form legen. Mit Sauce übergießen. Schinkenstreifen darauf verteilen. Alles mit Parmesan bestreuen. Bei extremer Oberhitze ein paar Minuten überbacken.

GETRÜFFELTE EIERNOCKERLN

Zutaten für ca. 6 Personen:

Für den Teig:
500 g glattes Mehl
3 Eier
3 Eidotter
200 ml Milch
1 El flüssige Butter
Salz

Butterschmalz
8 Eier
Trüffelöl

Alle Zutaten mit einem Kochlöffel zu einem geschmeidigen Teig verarbeiten. Reichlich Salzwasser zum Kochen bringen. Teig mit Nockerlsieb ins Wasser reiben oder mit einem kleinen Löffel, den man zwischendurch immer wieder in kaltes Wasser taucht, kleine Teigstücke entnehmen und einkochen. Dabei mit einem Kochlöffel immer wieder umrühren. Die Nockerln sollen einmal aufkochen. Abseihen und mit heißem Wasser schwemmen. Butterschmalz erhitzen und Nockerln darin schwenken. Eier verschlagen, salzen und über die Nockerln gießen. Anziehen lassen, durchrühren. Vor dem Servieren mit ein Paar Tropfen Trüffelöl verfeinern.

S

Eine nicht leichte Aufgabe im Leben eines Journalisten ist es, schnell und effizient ein interessantes Gespräch mit einer wildfremden Person zu führen. Stellen Sie sich vor, Sie gehen auf der Straße, halten einen x-beliebigen Passanten auf, verwickeln ihn in ein Gespräch, das nicht länger als eine Viertelstunde dauern darf, und müssen aus seinen meist dürren Worten eine Story machen, die Hunderttausenden als Lesestoff dient. Die meisten Menschen reagieren ausgesprochen unwirsch, wenn sie intime Details aus ihrem Privatleben verraten sollen. Nach dem dritten Viertel Wein im vertrauten Freundeskreis gesteht man vielleicht das eine oder andere Geheimnis – aber einem neugierigen Journalisten will niemand etwas auf die Nase binden! Schon gar nicht, wenn man ein ausgekochter Profi ist.

Meine aufregendste berufliche Begegnung hatte ich mit der Hollywood-Intelligenzsirene Sharon Stone. 18 Stunden legte ich von Wien

nach Las Vegas zurück, um mit dem charismatischen Star fünf Minuten vor laufender Kamera zu plaudern. Stones Interview-Managerin saß mit der Stoppuhr daneben. Egal, welche Wortspende die Stone bereit war zu geben, ich musste daraus eine zweiminütige ZiB-Geschichte und eine 7-Minuten-Reportage für das Kulturmagazin machen. Noch dazu erwartet jeder Star als höfliche Einstiegsfrage eine die sein aktuelles Werk betrifft. In diesem Fall war es ein unterdurchschnittlich gelungener Actionreißer mit Sylvester Stallone als Partner. Mal ehrlich, wer erinnert sich noch an diesen Film? Genauso belanglos fiel auch die Antwort aus. Das kühle Eis der Professionalität zwischen Stone und mir schmolz, als ich ihr eine Sachertorte als kleine Aufmerksamkeit, quasi als einen Gruß aus der Musikstadt Wien, überreichte. Musik war ein gutes Stichwort. Stone öffnete einen Spalt der Tür zu ihrem Innersten und verriet mir, dass sie ein begeisterter Jazzfan wäre, vor allem weibliche Interpreten schätze und ihr absoluter Liebling Billie Holiday sei. Abends auf ihrem Sofa könne sie sich bei dieser Art von Musik am besten entspannen. Vier Sätze, die mit »Ich« beginnen und aus dem Mund eines Stars perlen – Journalistenherz, was willst du mehr!

»Können Sie besser allein oder zu zweit entspannen, Frau Stone?« – Schon sind wir beim Privatleben. Wahren Meistern des Journalismus gelingt es in den verbleibenden zwei Minuten noch herauszufinden, wie die Stone dabei ausschaut – Hausanzug, Jeans oder Negligé? Trägt sie Make-up in der Freizeit? Eignet sich die Musik von Billie Holiday auch für noch intimere Momente? Nein? Was hört sie denn im Bett am liebsten? Mag sie denn überhaupt beim Sex Musik oder braucht sie die Stille, um alles rund um sich vergessen zu können?

»Stopp!«, dröhnt die strenge Stimme der Interview-Managerin. »Sie haben bereits 30 Sekunden überzogen, Frau Resetarits. Das ist rücksichtslos. Draußen warten noch 13 andere Journalisten.«

Ergiebig sind auch Fragen nach dem Sternzeichen. Relativ schnell kommt man dabei auf Charaktermerkmale zu sprechen. Nachteil: Als Journalist hinterlässt man einen etwas verhuschten, esoterisch angehauchten Eindruck.

Als ideale Anbahnung hat sich – zumindest in unseren Breiten – eine fast absurd anmutende Frage entpuppt, die ich auch bei jedem Party-Smalltalk empfehlen kann: »Wie haben Sie als Kind Ihr Grießkoch am liebsten gegessen?« Es ist verblüffend, es gibt unendlich viele Varianten, und jeder erinnert sich daran mit einem selig verklärten Lächeln.

Meine Freundin Bettina zum Beispiel bekam ihr Grießkoch mit Dosenfrüchten. Was sie heute besonders eklig findet. Damals jedoch, in den späten Sechzigern, war diese Kreation Zeichen für einen sehr wohlhabenden Haushalt.

Ich wollte mein Grießkoch süß, mit einem Hauch Zimt darüber. Meine Kinder wiederum rühren sich mindestens ein Viertelkilo Kakaopulver in dieses Milchgericht. (»Einspruch, Mama, übertreib nicht! Es sind höchstens fünf Deka.«) Die Konsistenz muss puddingartig sein. Ich hingegen habe Grießkoch flüssiger lieber.

In jedem Fall ist Grießkoch ein idealer Seelentröster und ein Evergreen. Keine andere Speise symbolisiert den Kreislauf des Lebens besser. Mit Grießkoch beginnt der Einstieg in die kulinarische Welt und etliche Jahrzehnte später geben wir mit dieser Speise auch wieder den Löffel ab.

Grießspeisen

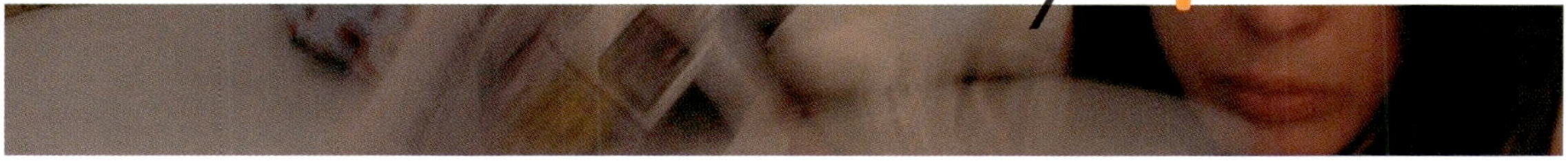

GRIESSKOCH

Zutaten für 4 Personen:
8 gehäufte Esslöffel Grieß
1 l Milch
5 gehäufte Löffel Kristallzucker
Zimt, Schokoladeflocken, Kakaopulver

Die Milch kurz aufkochen lassen. Grieß und Zucker miteinander vermischen und nach und nach mit einem Schneebesen in die Milch rühren. Grießkoch unter ständigem Rühren ca. 4 Minuten köcheln lassen, bis eine dickflüssige Konsistenz erreicht wurde. Danach von der Feuerstelle nehmen und zugedeckt ca. 5 Minuten ziehen lassen. Je nach Gusto Kakaopulver, Schokoflocken oder Zimt in das Grießkoch rühren. Warm servieren.

GRIESSSTRUDEL MIT ROTWEINÄPFELN

Zutaten für 4 Personen:
150 g Weizengrieß
½ l Milch
Mark von einer Vanilleschote
1 Prise Salz
80 g Butter
80 g Staubzucker
4 Eier
1/16 l Rum
40 g Pinienkerne, geröstet
5 El Kristallzucker
2 Blätter Strudelteig
Butter zum Bestreichen
Staubzucker zum Bestreuen

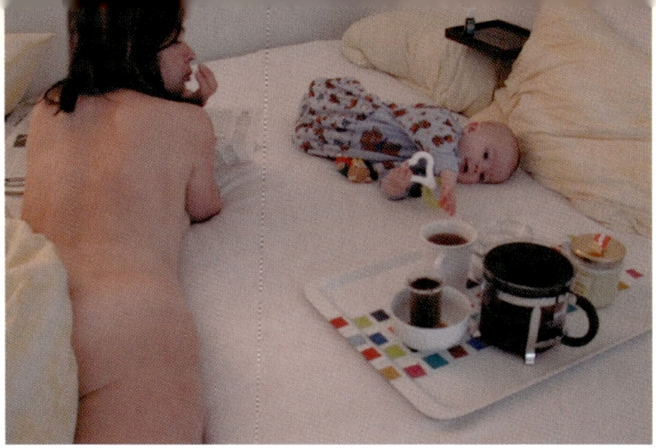

Zutaten für die Rotweinäpfel:
4 große säuerliche Äpfel
60 g Kristallzucker
Saft einer Zitrone
¼ l Rotwein
1 kleine Zimtrinde, Gewürznelken

Milch mit Vanillemark, einer Prise Salz und Butter aufkochen. Grieß, Staubzucker und etwas Salz vermengen; in die heiße Milch einrieseln lassen und alles bei geringer Hitze unter ständigem Rühren etwa 5 Minuten köcheln lassen. Von der Feuerstelle nehmen und ca. 15 Minuten zugedeckt quellen lassen. Eier trennen. Dotter, Rum und geröstete Pinienkerne unter die Masse mengen. Eiweiß zu steifem Schnee schlagen; Kristallzucker dazugeben und geschlagenes Eiweiß unter die Grießmasse heben. Strudelblatt auf sauberes Geschirrtuch legen. Mit flüssiger Butter bestreichen. Zweites Strudelblatt darauf legen und mit der Grießmasse bestreichen. Mit Hilfe des Tuches einrollen. Außenseite ebenfalls mit flüssiger Butter bestreichen. Den Strudel im vorgeheizten Backrohr bei einer Temperatur von ca. 180 Grad etwa 30 Minuten goldbraun backen.
Strudel auf lauwarme Temperatur abkühlen lassen. In Stücke schneiden und mit Staubzucker bestreuen.
Äpfel gut waschen; in Spalten schneiden und die Kerngehäuse entfernen. Kristallzucker in einem Topf langsam schmelzen, bis er karamellisiert, und mit Zitronensaft ablöschen. Rotwein dazugießen. Zimtstange und Gewürznelken in die Flüssigkeit legen und die Äpfel darin ca. 6–8 Minuten dünsten. Vor dem Anrichten etwas auskühlen lassen.

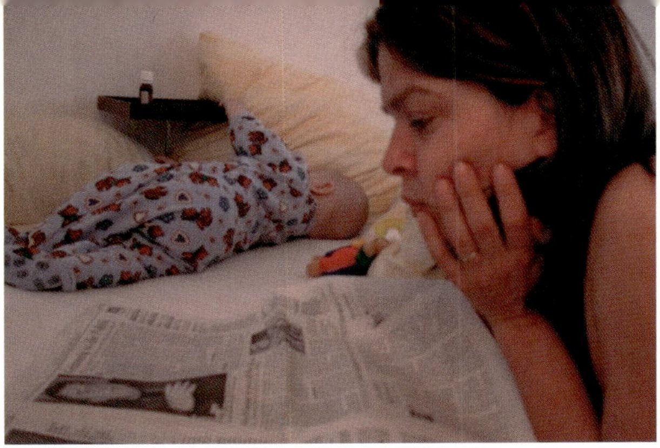

GRIESSSCHMARREN

Zutaten für 2 Personen:
180 g Polentagrieß
½ l Milch
90 g Butter
30 g Kristallzucker
Rosinen nach Belieben
1 El Vanillezucker
Zitronenschale, gerieben
1 Prise Salz
etwas Butter
etwas Zucker zum Bestreuen

Milch, Butter, Kristallzucker, Vanillezucker, Salz und Zitronenschale gemeinsam aufkochen. Grieß einrühren und wieder aufkochen. Rosinen beigeben. Masse dick einkochen und etwas abkühlen lassen. Pfanne mit Butter einfetten. Die Masse einfüllen, zerteilen und im Backrohr bei ca. 200 Grad unter wiederholtem Wenden und Zerkleinern goldbraun backen. Mit Zucker bestreuen und servieren.

GRIESSDUKATEN

Zutaten für 4 Personen:
½ l Milch
150 g Weizengrieß
50 g Butter
2 Eier
2 El geriebener Parmesan
Salz
Muskatnuss, gerieben
Butterschmalz
Butter zum Befetten

Milch und Butter zum Kochen bringen. Salz und Muskatnuss beigeben. Grieß langsam einrieseln lassen und gut umrühren. Unter ständigem Rühren so lange köcheln, bis die Masse steif ist. Eier einarbeiten. Masse auf ein befettetes Blech streichen, ca. 1 cm hoch. Erkalten lassen. Mit einem runden Ausstecher Dukaten formen. Butterschmalz in Pfanne erhitzen und die Dukaten darin schön knusprig anbraten. Sie in gebutterte Gratinierschüssel wie ein Schindeldach schichten, mit dem Parmesan bestreuen und bei extremer Oberhitze ca. 7 Minuten überbacken.

T

Neulich im Supermarkt. Eine Frau, Mitte fünfzig, fährt mit ihrem Einkaufswagen an der zwanzig Meter langen Fleischtheke vorbei, verliert keinen Blick an die heimischen, plastikverpackten Rind-, Schweine- und Lammteile und stoppt erst bei den Tiefkühlregalen. Hilfesuchend hält sie mir ein fast einen Meter langes tiefrotes Ungetüm entgegen und fragt mich, ob ich ihr wohl sagen könne, woher dieses Fleisch stamme. Die eisigen Temperaturen haben das Etikett fast unleserlich gemacht. Die Sprache ist portugiesisch und links oben kann ich das Wort BRAZIL entziffern. Dem Preis nach muss es sich um einen Lungenbraten handeln, und zwar um einen äußerst teuren. Ein Kilogramm kostet fast 500 Schilling. Trotzdem lädt die Frau die Ware in ihren Wagen.

Die täglichen BSE-Schlagzeilen ändern das Konsumverhalten der Menschen. Hoffentlich hat diese tragische Tierseuche auch eine gute Seite. Welchem kranken, nein eigentlich verbrecherischen Hirn ist es

eingefallen, tote Tiere, wie Katzen, Hunde und Laborratten, zu Tiermehl zu verarbeiten, das man dann an Wiederkäuer verfüttert?

Ich schäme mich dafür und grüble, ob nicht vielleicht auch ich einen Teil der Schuld daran mittragen muss? Ich habe als Konsument nie dagegen protestiert, dass Fleisch zu einem Spottpreis verschleudert wird. Wenn der Großteil der Menschen schon nicht auf Fleischkonsum verzichten kann oder will, sollten wir das Tier doch mit größerer Ehrfurcht verspeisen, es uns etwas wert sein lassen.

Der Weinskandal ließ die heimischen Winzer umdenken. Billige Massenware verlor an Bedeutung, der Konsument begann sich für Spitzenqualität zu interessieren. Er ist bereit, dafür einen doppelt bis dreimal so hohen Preis zu bezahlen. Die meisten jungen Winzer sind stolz auf ihr Wissen und Können. Auch ihre Lebensqualität ist gestiegen.

Vielleicht gibt es auf dem europäischen Fleischmarkt schon bald eine ähnliche Entwicklung. Mich wundert, dass sich die Tierschützer bei BSE nicht zu Wort melden. Als Kulturjournalistin habe ich ihren scharfen, fast militanten Protest mitbekommen, als Hermann Nitsch sein Orgien-Mysterien-Theater in Prinzendorf veranstaltet hat. Einige besonders Empörte sind sogar mit Lacksprühdosen bewaffnet aufmarschiert und haben die Autos der Nitsch-Freunde beschädigt. Nitsch hat immer wieder beteuert, dass die Rinder, die er für seine Kunstaktion benötige, auch verwertet würden; und zwar nicht zu Tiermehl, sondern an Ort und Stelle zu Speisen für die Aktionistinnen und Aktionisten. Doch Nitsch ist und bleibt ein Feindbild der organisierten Tierfreunde.

Vor kurzem bin ich diesen auch vor dem Eingang zum Zirkus Knie begegnet. Dort haben sie Eltern und Kinder beschimpft – aus Mitleid mit den Zirkustieren, wie sie sagten.

Wo aber bleibt der Protest, wenn in den Nachrichten verkündet wird, dass – sollte nur ein Tier an BSE erkrankt sein – die ganze Herde ausgerottet wird? – Mir kommen bei solchen Meldungen die Tränen. Wir Menschen haben kaltblütig, aus Habgier und Gewinnsucht, diesen Lebewesen großes Leid zugefügt.

Salate

Während ich diese Zeilen schreibe, herrscht große Verunsicherung in Europa. Viel zu wenig wissen wir von der schrecklichen Tierkrankheit BSE und der möglicherweise damit in Zusammenhang stehenden menschlichen Variante nvCJD. Ich habe meinen Kindern dringend empfohlen, keinen Leberkäse und keine Wurst mehr zu essen. Hirn hat es bei uns nie gegeben. Mit Schrecken denke ich an die vielen köstlichen Rindermarkbrote, die ich im Laufe meines Lebens bereits verzehrt habe. Doch am allerschlimmsten finde ich, dass möglicherweise sogar Kuhmilch BSE übertragen kann. Bewahrheitet sich das, müssten wir eine Unzahl von Speisen streichen. Jeder Kuhmilch-Allergiker weiß, wo sich dieses Lebensmittel überall versteckt. Bevor darüber keine Klarheit herrscht, werde ich auch noch nicht abstillen, damit Baby Tim kein Trockenmilchpulver bekommt. Und wer weiß jetzt, ob nicht auch Schweine, Hühner, Zuchtkarpfen und Forellen, denen man ebenfalls Tiermehl verfüttert, BSE-gefährdet sind? Was sollen wir essen, um gesund zu bleiben? Hier einige Vorschläge:

KATALANISCHER SALAT MIT TOMATENBROT

Zutaten für 4 Personen:

6 Köpfe zarter Kopfsalat oder Blattsalat nach Wahl
1 Stange Staudensellerie, in ½ cm breite Stücke geschnitten
1 kleine Salatgurke, in Scheiben geschnitten
1 rote oder grüne Paprikaschote, in 1 cm breite Streifen geschnitten
½ Dose Artischockenherzen, etwa 4 Stück
2 große Tomaten, geachtelt

2 Frühlingszwiebeln, geviertelt
8 schwarze Oliven
8 grüne Oliven
8 hart gekochte Eier
8 Scheiben Serrano-Schinken (aber verwenden Sie ihn nur, wenn Sie davon überzeugt sind, dass Schweine als Allesfresser nicht BSE-gefährdet sind)

Für die Sauce:
2 El Rotweinessig
6 El Olivenöl
Salz, frischer schwarzer Pfeffer

Für das Tomatenbrot:
4 Scheiben Bauernbrot
2 reife Tomaten
1–2 Knoblauchzehen, in feine Scheiben geschnitten
1 El Olivenöl

Salat waschen, gut trocknen und in Stücke zupfen. Mit den übrigen zurechtgeschnittenen Zutaten auf vier Tellern verteilt anrichten. Mit den halbierten Eiern und dem Schinken garnieren.
Für die Sauce Essig mit Salz verrühren. Öl nach und nach dazurühren; pfeffern. Salat damit übergießen.
Für das Tomatenbrot die Brotscheiben toasten. Die Tomaten kurz in kochendes Wasser geben, häuten, entkernen und zu Mus verarbeiten. Knoblauch darunter mischen und mit Salz, Pfeffer und dem Esslöffel Olivenöl abschmecken. Sauce und Brote getrennt zum Salat servieren; Brote erst bei Tisch bestreichen, damit der Brotteig nicht zu weich wird.

ASIATISCHER SALAT MIT KORIANDERLACHS

Zutaten für 4 Personen:
250 g Wildlachsfilet (es schmeckt auch Steinbuttfilet vorzüglich!)
Saft von 2 Limetten
2 El Koriander, gehackt
3 El Erdnussöl
4 Kopfsalatherzen
Sojasprossen
9 Cherrytomaten
4 Frühlingszwiebeln, in feine Scheiben geschnitten
Salz, frischer schwarzer Pfeffer

Für die Sauce:
3 El Reisessig
1½ El Sojasauce
1 El Gemüsebrühe
Sesamöl
3 El Erdnussöl
½ Peperoncino
1 Stück Ingwer (1 cm), geschält und fein gehackt

Den Lachs in sehr dünne Scheiben schneiden und auf einer Platte auslegen. Limettensaft mit Koriander und Erdnussöl mischen und die Lachsscheiben damit bestreichen. Im Kühlschrank etwa 30 Minuten marinieren. Die Salatherzen waschen, gut trocknen und vierteln. Die Sojasprossen etwa 2 Minuten in kochendem Wasser blanchieren und kalt abschrecken. Tomaten vierteln und entkernen. Den weißen und den grünen Teil der Frühlingszwiebeln in sehr dünne Ringe schneiden. Für die Sauce den Reisessig mit der Sojasauce, der Brühe, Salz und Pfeffer verrühren. Die beiden Öle nach und nach

unterschlagen. Peperoncino ganz fein schneiden und mit dem Ingwer mischen. Salat mit Sojasprossen, Cocktailtomaten und den Zwiebelringen auf Tellern anrichten und mit der Sauce marinieren. Lachsscheiben noch salzen und pfeffern, falls nötig, und den Salat damit garnieren.

TOSKANISCHER BROTSALAT

Zutaten für 4 Personen:
600 g altbackenes Landbrot
2 El Rotweinessig (ich mag auch Balsamicoessig)
6 El bestes Olivenöl
2 Knoblauchzehen, durch die Presse gedrückt
2 große rote Zwiebeln, in feine Ringe geschnitten
16 Basilikumblätter (wenn sie groß sind, grob zupfen)
4 reife große Tomaten
Salz, frischer schwarzer Pfeffer

Das Brot grob zerkleinern; in eine Schüssel geben und mit kaltem Wasser begießen. Ziehen lassen, damit es weich wird.
Brot mit der Hand auspressen und in kleinere Stücke zupfen. In eine Schüssel geben. Salz mit dem Essig verrühren. Olivenöl nach und nach unterschlagen. Knoblauch dazurühren. Zwiebelringe und Basilikumblätter mit dem Brot mischen. Diese Mischung mit der Sauce begießen; gut durchrühren und den Salat mit viel schwarzem Pfeffer bestreuen. Tomaten waschen und achteln, leicht salzen und den Salat damit garnieren.

THAISALAT MIT GARNELEN UND SEETEUFEL

Zutaten für 4 Personen:
250 g Seeteufel, in acht Filets aufgeteilt
8 Riesengarnelen
6 Blätter Chinakohl oder Eisbergsalat
Vogerlsalatblätter nach Belieben
4 Frühlingszwiebeln
1 roter Peperoncino
10 Pfefferminzblätter
8 Koriander- oder Basilikumblätter
12 Cherrytomaten
1 Tl Sesamöl

Für die Sauce:
3 Limetten
2 Knoblauchzehen, durch die Presse gedrückt
½ roter Peperoncino
½ El Koriander- oder Basilikumblätter, gehackt
1 El Sojasauce
1 El chinesische Fischsauce
½ El Sesamöl
Salz, frisch gemahlener weißer Pfeffer

Salatblätter waschen, trocknen und in kleinere Stücke teilen. Frühlingszwiebeln reinigen und das Grün in feine Ringe schneiden. Peperoncino von den Kernen befreien, waschen und in feine Ringe schneiden. Das Weiße der Frühlingszwiebeln längs halbieren und den Strunk der Länge nach in feine Streifen schneiden. – Die Stücke sollen aber unten noch zusammenhalten. Kräuter waschen und trockentupfen.
Für die Sauce die Limetten auspressen. Die Peperoncinohälfte entkernen, reinigen und in feine Stücke schneiden. Limettensaft,

Knoblauch und Peperoncinostücke miteinander vermengen.
Den Koriander (bzw. das Basilikum), die Soja- und die Fischsauce ebenfalls einrühren. Sesamöl untermischen und die Sauce mit Salz und Pfeffer abschmecken.
Garnelen so schälen, dass die Schwanzspitze dranbleibt. Darm entfernen. Garnelen und Seeteufelstücke würzen. Einen Siebeinsatz mit Sesamöl einstreichen. Die Fische reingeben und in einem Wassertopf über Dampf etwa 2 Minuten garen.
Blattsalate und Kräuter mischen; auf Tellern anrichten und mit der Sauce beträufeln. Garnelen und Fischstücke darauf setzen. Salat mit Cherrytomatenhälften und den Frühlingszwiebelbüschen garnieren und die grünen Zwiebelringe sowie Peperoncinostückchen darüber streuen. Als zusätzlichen Akzent können Sie auch noch Erdnüsse oder Pinienkerne über den fertigen Salat geben!

PASTASALAT MIT BASILIKUM

Zutaten für 4 Personen:
400 g Nudeln (Penne, Muscheln, Öhrchen, Schmetterlinge)
5 El Olivenöl
100 g Basilikumblätter
3 Knoblauchzehen, grob gehackt
1 El Pinienkerne, grob gehackt
2 El Pinienkerne im Ganzen als Garnierung
2 El frisch geriebener Parmesan
2 El Zitronensaft
1 El Weißweinessig
5 Pfefferminzblätter
1 El Petersilie, gehackt
Salz, frischer schwarzer Pfeffer

Die Nudeln nach Anleitung al dente garen. 3–4 El vom Kochwasser aufheben. Nudeln kalt abschrecken und abtropfen lassen. Dann mit 1 El Olivenöl in einer Schüssel mischen.
Basilikumblätter waschen, trocknen und grob zupfen; einige der Blätter im Ganzen für die Garnierung aufheben. Pinienkerne und Knoblauch mit dem Basilikum in einem Mörser mit etwas Salz zu einer Paste zerstoßen. Nach und nach den Parmesan dazugeben. Dann das restliche Olivenöl unter ständigem Rühren dazufließen lassen. Sauce mit Salz und Pfeffer abschmecken und Zitronensaft und Essig untermischen. Nudeln mit dem Kochwasser mischen. Die Sauce unterrühren. Grob zerschnittene Pfefferminzblätter und Petersilie unter die Nudeln mischen. Die restlichen Pinienkerne in einer Pfanne goldbraun rösten und über den Salat streuen.
Salat mit einigen ganzen Basilikumblättern garnieren und servieren.

U

Manchmal zähle ich mich zu den Glückspilzen im Leben. Ich habe eine Freundin, die die beste Gastgeberin der Welt ist. Bettina ist eine reiche Frau. Sie hat nicht nur eine Menge Geld von ihrem Vater geerbt. Sie hat auch erstaunlich viele Talente von ihren Altvorderen mitbekommen. Bettina ist der Sprössling einer berühmten deutschen Hoteldynastie. Und praktiziert in ihrem Freundeskreis, was diese Familie wohlhabend gemacht hat. Jedes Jahr lädt Bettina zu Weihnachten in eines ihrer Häuser ein. Bis zu fünfzehn Personen bevölkern dann eine Woche lang den großen Bauernhof in Bayern oder die Mühle in Frankfurt. Dort erinnert alles an das Video »Last Christmas« von Wham. Neben Spaziergängen in tief verschneiten Landschaften spielt sich das gesellige Beisammensein meist in der guten Stube, an einem riesigen Tisch beim festlich geschmückten Christbaum, ab. Spätestens ab dem zweiten Tag sind es die Beziehungskisten, in denen mit großer Lust gewühlt wird.

Bettina, die beste Gastgeberin der Welt

Bettina selbst kutschiert wie einst Sally Hooks ihren Kombi voll beladen mit Köstlichkeiten quer durch die Lande und verbringt viele Stunden in der Küche, in der wir uns abwechselnd zu ihr gesellen und bei einem Gläschen Wein tatkräftig mithelfen.

Ich bin schon stolz, wenn ich ein dreigängiges Menü für acht Personen ohne gröbere Pannen schaffe. Bettina übertrifft uns alle. Sie hat heuer sechs Gänge für 15 hungrige und verwöhnte Mäuler gezaubert. Niko hatte nämlich Geburtstag. Ihren dreißigsten. Zuerst wollte Bettina ein Retromenü kreieren, mit Speisen, die 1970 in waren: Toast Hawaii, Dosenspargel, russische Eier, Corned Beef und so fort. Doch das Geburtstagskind zeigte wenig Begeisterung. So gern sie in Secondhandläden nach 70er-Jahre-Schnäppchen späht, so abartig fand Niko die Rezeptvorschläge aus dieser Zeit. Wir waren die Tage davor von Bettina derart verwöhnt worden, dass die Aussicht auf Konservenfutter wenig Begeisterung hervorrief.

Bettina lächelte nur verschmitzt, verzog sich mit Kirstin für mehrere Stunden in die Küche und bat mich, den Zeremonienmeister zu machen.

Punkt sieben Uhr wurden die ersten Teller aufgetragen. Ein Gruß aus der Küche: Grissini, mit Parmaschinken umwickelt. Dazu gab es ein Stück Grana auf einem Spiegel aus Olivenöl und Waldhonig und ein kleines Schälchen Tomatensuppe. Niko frohlockte – hier konnte es sich unmöglich um ein Retromenü handeln. Weder in Deutschland noch in Österreich waren damals diese Spezialitäten aus Italien bekannt.

Schinken war anno 1970 eine Seltenheit, auf heimischen Brettljausen wurden Blut- und Leberwurst serviert. Und was den Käse betrifft: Ein Eckle von Rupp aus dem fernen Vorarlberg war das Maximum an Exotik und Extravaganz.

Geburtstagskind Niko

Bettina hatte sich für Nikos Geburtstag ein typisches 2000er-Menü ausgedacht: Fusionsküche par excellence. Nach dem Amuse-Gueule aus Italien folgte eine interessante Fisch-Fleisch-Kombination: Riesengarnelen, mit Putenfilet umwickelt. Gang Nummer drei – eine scharfe Thaisuppe mit Mangold – entführte uns nach Asien und heizte den Gaumen kräftig ein. Abkühlung verschuf uns Kühles aus Frankreich, ein köstliches Grapefruitsorbet. Deftiges aus Deutschland war von Bettina als Hauptgericht auserkoren worden, und zwar Krautrouladen. Ein Griesflammeri bildete den Abschluss dieses opulenten Festmahls.

Sieben Tage lang wurden wir von Bettina in diesem Stil verwöhnt, in keinem ihrer Fünfsternehotels wäre es uns besser gegangen. – Wären alle Reichen dieser Welt so großzügig, kämen Kamele locker durch ein Nadelöhr!

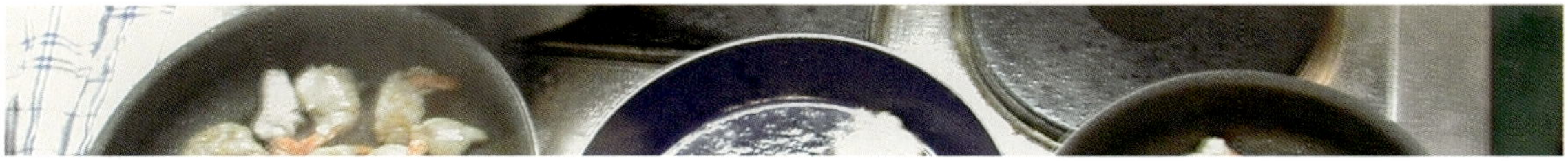

TOMATENSUPPE

Zutaten für 4 Personen:
600 g Pelati-Tomaten aus der Dose
80 g Zwiebeln
50 g Butter
1 El Tomatenmark
20 g glattes Mehl
600 ml Rindsuppe (Fleischbrühe) oder klare Gemüsesuppe
8 Pfefferkörner
1 Lorbeerblatt
1–2 El Kristallzucker
100 g Obers (Sahne)
Zitronensaft
Salz

Butter in großem Topf schmelzen. Klein geschnittene Zwiebeln darin glasig dünsten. Mehl beigeben und kurz, ohne dass es Farbe annimmt, rösten. Tomaten und Tomatenmark dazugeben. Durchrühren und die Tomaten mit einer Gabel zerkleinern. Mit Suppe aufgießen und Gewürze beifügen. Alles ca. 30 Minuten köcheln lassen. Suppe durch Gemüsemühle passieren. – Der Siebeinsatz sollte nicht zu fein sein, das Fruchtfleisch darf ruhig erhalten bleiben. Mit Obers aufmixen. Abschmecken.

GARNELEN, MIT PUTENFILET UMWICKELT

Zutaten für 4 Personen:
8 Riesengarnelen, geschält und entdarmt
8 Tl Pesto
8 hauchdünn geschnittene Putenfilets
Erdnussöl

Die Putenfilets auf einer Seite mit Pesto bestreichen. Mit dieser Seite nach innen die Garnelen umwickeln und mit Zahnstochern verschließen. In Erdnussöl bei mittlerer Hitze rundherum braten; ca. 5–10 Minuten, damit auch die Innenseite der Pute durch ist.

THAISUPPE

Siehe Kapitel »Lieblingssuppen«

Als Einlage nimmt man bei dieser Variante in feine Streifen geschnittene blanchierte Mangoldblätter.

GRAPEFRUITSORBET

400 g Zucker
400 ml Wasser
500 ml frisch gepresster Grapefruitsaft
Saft von einer Zitrone

Zucker und Wasser in einen mittelgroßen Topf schütten und auf kleiner Flamme erhitzen. Dabei öfter umrühren, bis sich der Zucker gelöst hat. Anschließend die Hitze verstärken und die Zuckerlösung 2–3 Minuten kochen lassen. Vom Feuer nehmen. Mit dem Grapefruit- und Zitronensaft vermischen und im Kühlschrank gut kühlen. Anschließend in der Eismaschine gefrieren oder in den Tiefkühler geben.

KRAUTROULADEN

Zutaten für 4 Personen:

Für das Faschierte (Hackbraten):
600 g Rind- und Schweinefleisch gemischt
2 Semmeln
2 Eier
1 Zwiebel, fein geschnitten
Knoblauch, gepresst
Petersilie, gehackt
Majoran
Salz, frischer schwarzer Pfeffer

1 Weißkrautkopf
8 Scheiben vom Frühstücksspeck
¼ l Suppe
¼ l Sauerrahm

Krautkopf von Außenblättern und Strunk befreien. In reichlich siedendem Wasser kochen, bis sich die Blätter ablösen lassen. Blätter in kaltem Wasser abfrischen. Restliches Kraut feinnudelig schneiden und in eine gefettete feuerfeste Form geben. Krautblätter flach ausbreiten und mit Salz und Pfeffer würzen.
Faschiertes zubereiten: Semmeln in Wasser einweichen und auspressen. Zwiebel in Fett anrösten und erkalten lassen. Faschiertes, Semmeln, Eier, Zwiebel, Knoblauch, Petersilie und Gewürze miteinander verkneten. Faschiertes zu acht Rollen formen; auf die Krautblätter legen. Eine Längsdrehung rollen, die Enden umbiegen und weiterrollen. Auf das Kraut verteilen. Mit Speckscheiben belegen. Suppe untergießen und alles im vorgeheizten Backrohr bei 200 Grad dünsten. Nach 25 Minuten mit Sauerrahm über-

gießen und noch ca. 10 Minuten fertig garen.

GRIESFLAMMERI

Zutaten für 4 Personen:
60 g Weizengrieß
3/8 l Milch
3/8 l Schlagobers (Sahne)
75 g Kristallzucker
2 1/2 Blatt Gelatine
Schale von 1 Zitrone
Schale von 1 Orange
3 El Grand Marnier
eine Prise Salz
Datteln

Gelatine in kaltem Wasser einweichen. Milch mit Kristallzucker, Salz, Orangenschale und Zitronenschale aufkochen. Unter ständigem Rühren Grieß einkochen, ca. 4 Minuten. In eine Schüssel umfüllen. Gelatine mit einigen Tropfen Wasser erwärmen (sie schmilzt) und unter die Grießmasse mengen. Kurz vor dem Anstocken geschlagenes Obers untermengen. Grand Marnier einrühren. Creme in kalte Dariolformen – das sind die kleinen Auflaufförmchen – füllen und 4 Stunden im Kühlschrank anstocken lassen. Formen kurz in heißes Wasser tauchen und die Grießflammeris auf Teller stürzen. Mit Dattelstückchen garnieren.

V

Eine aktuelle englische Studie behauptet, dass bei den jungen Mädchen in Großbritannien mehrheitlich die Meinung vorherrsche, wenn schon Kinder, dann als »Full-Time-Mother«. Das sei ein Luxus, den sich fast niemand mehr leisten könne und deshalb etwas ganz Besonderes. Die Doppelbelastung – Beruf und Familie – lehnten sie ab, weil viele hautnah mitbekommen hätten, wie sehr diese ihre Mütter auslaugte. »Na, die werden schon sehen, wie rasch ihnen die Decke auf den Kopf fällt, wenn sie zu Hause nur Kinder hüten, kochen und putzen«, meinte meine Maskenbildnerin Elfie, als wir uns darüber unterhielten. »Ich war froh, als ich nach sechs Hausfrauenjahren endlich wieder arbeiten gehen konnte!«

Sie hat Recht. Es ist überaus anstrengend, sehr schlecht bezahlt und im Verhältnis wenig befriedigend, wenn Frau sich für ein Leben zu Hause entscheidet. Schon bald entwickelt eine jede von uns eine Putzmanie, weil Kinder Reinigungsarbeiten komischerweise mehr akzeptieren, als

Sommer im Schrebergarten mit dem dreijährigen Paul, 1995

wenn Frau Mutter ein paar Stunden vor dem Computer verbringt.

Auch meine Kollegin Michaela befindet sich bei ihrem Karenzstaffellauf jetzt auf der für sie besseren Teilstrecke. Sie geht seit kurzem wieder arbeiten und ihr Mann ist zu Hause beim Kind. »Es ist nicht leicht«, meint sie, »oft komme ich am Abend total geschafft nach Hause. Aber ich habe das Gefühl, etwas geleistet zu haben, und widme mich dann wieder mit Elan meinem Sohn. Meinem Mann Ulli hängt die Zunge raus. Er bricht todmüde vor dem Fernsehapparat zusammen. Abendessen muss meistens ich noch machen.«

Kleinkinder sind extrem kräfteraubend, denn sie fordern nonstop unsere Aufmerksamkeit. Da gibt es keine Kaffeepausen oder Konferenzen, in denen man seine Gedanken auch mal abschweifen lassen kann. Wenn Kinder schlafen, muss man meist das erledigen, was in ihren Wachstunden an Arbeit liegen geblieben ist. Wer sich bereits einmal der zeitlich unbegrenzten Aufzucht seiner Nachkommen gewidmet hat, wird die Arbeit der Lehrer nicht mehr mit einem ironischen Augenrollen abtun. Wir sind meist schon mit ein, zwei, drei oder vier Kindern überfordert. Lehrer müssen aber bis zu 30 (!) in Schach halten und darüber hinaus noch Wissen vermitteln. Sie können also nicht wie Mama oder Papa nette Spielchen treiben und die Kleinen damit bei Laune halten.

Wie bringe ich also Kinder, Küche und Karriere (was, um den Stabreim zu ermöglichen, hier stellvertretend für Beruf steht) unter einen Hut?

Ich habe es bis jetzt geschafft, weil ich meine Kinder nicht knapp hintereinander bekommen habe und mich die Älteren auch unterstützen können.

Pauls sechster Geburtstag, 1998

Ich habe es bis jetzt geschafft, weil ich immer wieder eine Studentin bei mir wohnen habe, die das Mittagessen kocht, die Wäsche macht und auf die Kleinen aufpasst, wenn ich gerade keine Zeit habe. – Bei meinem ersten Kind hat mich meine Mutter sehr unterstützt. Baby Tim kommt leider nicht mehr in den Genuss einer liebevollen Oma-Betreuung; das ist der Nachteil der Kinder von nicht mehr taufrischen Eltern.

Ich schaffe es, weil ich geschieden bin. So paradox das klingen mag. Aber ich möchte auch einmal einen Vorteil, den eine Scheidung mit sich bringt, erwähnen; vorausgesetzt, Mann und Frau kümmern sich nach wie vor gleichermaßen um ihre Kinder. Durch die Scheidung fällt der Wunsch der Eltern weg, alles mit den Kindern gemeinsam zu tun. Das heißt, nicht Mutter UND Vater gehen zum Fußballturnier, sondern entweder der eine oder der andere. So bleibt dem »Kinderlosen« Zeit, währenddessen ohne schlechtes Gewissen einer Arbeit oder einem Hobby nachzugehen.

Ich schaffe es, weil ich Kinder habe, die mir viel Freude bereiten. Sie sind ganz tolle Lebenspartner, auf die ich wirklich stolz sein kann.

Und ich habe es bis jetzt geschafft, weil ich einen Beruf habe, der unregelmäßig ist und mir deshalb öfters Mittagspausen – fast so lang wie eine spanische Siesta – ermöglicht, wenn ich abends dafür länger arbeite. Auch Wochenenddienste mache ich gerne, weil ich dann unter der Woche frei bekomme, was den Kindern zugute kommt. Denn ich bin durch die Scheidung jeden zweiten Samstag und Sonntag ohne meine Söhne.

Trotzdem brauche ich immer wieder eine Auszeit von der Arbeit, so wie ich sie jetzt in der Karenzzeit erlebe. Ein Jahr lang genieße ich es in vollen Zügen, »Full-Time-Mother« zu sein. Obwohl ich mir eine Teilkarenz mit 32 Stunden Arbeit pro Monat gönne. Das ist mein Hobby, sozusagen, und für mich die Garantie, dass ich ein selbständiger, unabhängiger Mensch bleibe, der seine sieben Leben genauso genießt wie ein mehrgängiges Menü in einem Spitzenrestaurant.

All-Time Favorites

Wenn Leute hören, dass ich gerne koche, werde ich oft gefragt, was denn meine absoluten Lieblingsspeisen seien. Das ist für mich sehr schwierig zu beantworten. Ich lege mich nur ungern fest, weil sich der Gusto ja tagtäglich ändert und vor allem auch abhängig von den Jahreszeiten ist. Nach einem langen, schweren Winter freue ich mich zum Beispiel unbändig auf die ersten aromatischen Erdbeeren, die ich mir mit Zucker und Sauerrahm zubereite. Im Sommer könnte ich kiloweise sonnengereifte Tomaten mit Olivenöl, Parmesan und Basilikum in mich hineinstopfen. Auch die ersten heurigen Kartoffeln liebe ich mit Butter oder mit Kernöl. Wenn ich am Meer lebe, dann überfällt mich ein Heißhunger auf frischen Fisch. Pasta kann ich zu jeder Jahreszeit essen, Lamm hingegen nur im Winter. Am Schluss dieses Buches möchte ich noch drei Rezepte von Speisen aufschreiben, die ich schon seit Jahren gerne esse und mit denen man mir immer wieder eine Freude machen kann.

RISOTTO AL LIMONE

Für die Herstellung eines guten Risotto gelten drei Grundregeln:
Nehmen Sie nicht zu viel Flüssigkeit auf einmal. Geben Sie zusätzliche Flüssigkeit erst dann dazu, wenn die Flüssigkeit im Topf bereits vom Reis aufgesogen wurde. Und: Rühren Sie ohne Unterlass!

Zutaten für 4 Personen:
etwa 1¼ l Hühnersuppe, möglichst selbst gemacht
300 g Arborio-Reis

1 Zweig frische Pfefferminze
1 Zweig frischer Rosmarin
1 Zweig frischer Salbei
geriebene Schale von einer unbehandelten Zitrone
4 El Butter
1 El Olivenöl
2 Schalotten, fein gehackt
Meersalz
3 El frisch gepresster Zitronensaft
60 g frisch geriebener Parmesan und etwas Parmesan zum Darüberstreuen

In einem großen Topf die Suppe erhitzen und leise köcheln lassen, während man den Risotto vorbereitet.
Die frischen Kräuter von den Stielen befreien. Die Blätter mit der abgeriebenen Zitronenschale vermischen und fein hacken. Beiseite stellen.
2 El der Butter mit dem Öl, den Schalotten und dem Salz in einen Topf mit dickem Boden geben. Unter Rühren bei mäßiger Hitze etwa 3 Minuten garen. Den Reis dazugeben und weitere 2 Minuten rühren, bis der Reis gut mit dem Fett überzogen ist.
Wenn der Reis glänzt und leicht durchscheinend ist, einen Schöpflöffel der Suppe dazugeben. Unter ständigem Rühren 1–2 Minuten garen, bis der Reis die Suppe aufgesogen hat. Einen weiteren Schöpflöffel der Suppe dazugeben und rühren. Diesen Vorgang so oft wiederholen, bis der Reis gar ist, aber noch Biss hat. Das dauert ca. 20 Minuten.
Den Topf von der Herdplatte nehmen und die beiden restlichen Esslöffel Butter, die Zitronenschale mit den Kräutern, den Zitronensaft und den Parmesan dazurühren. Zwei Minuten zugedeckt ziehen lassen. – So können sich die Aromen gut entfalten.

Sofort zu Tisch bringen. Zusätzlich Parmesan reichen.

ERDÄPFELGULASCH

Zutaten für 4 Personen:
800 g mehlige Kartoffeln
300 g Wurst (Dürre schmeckt mir), in kleine Stücke geschnitten
20 g Paprikapulver
200 g Zwiebeln
4 El Schmalz
2 Knoblauchzehen, gepresst
Salz, frischer schwarzer Pfeffer
Majoran
1 Tl Essig

Schmalz erhitzen und die Zwiebeln (fein oder grob gehackt, das ist Geschmackssache) darin goldbraun rösten. Paprikapulver beigeben und gut verrühren. Mit Essig ablöschen und mit Wasser aufgießen. Die roh geschälten und in kleine Stücke geschnittenen Kartoffeln, Knoblauch und Gewürze beimengen. Die Kartoffeln sollten aus dem Wasser noch herausschauen. Öfters umrühren und ca. 25 Minuten köcheln lassen, bis der Saft durch die Kartoffelstärke dicklich wird und die Kartoffeln bereits weich sind. Die Wurst erst am Schluss dazugeben und einige Minuten mitkochen lassen. – Das Erdäpfelgulasch schmeckt aufgewärmt gleich noch einmal so gut!

ERDBEERKNÖDEL MIT HEISSER BUTTER

Zutaten für 18 Stück:

400 g Topfen (Quark), wobei 10 Prozent Fett reichen
18 aromatische Erdbeeren
150 g Mehl, glatt
reichlich Butter
1 Ei
1 Eidotter
Schale von einer halben Zitrone, gerieben
1 Prise Salz
Staubzucker

60 g weiche Butter mit Salz und Zitronenschale schaumig rühren. Ei und Eidotter untermengen. Topfen beifügen und Mehl langsam unterrühren. Die Masse zu einem glatten Teig kneten. 3–4 Stunden im Kühlschrank rasten lassen. Teig zu einer 5 Zentimeter dicken Rolle formen und in 18 Stücke schneiden. Teigstücke flach drücken. Erdbeeren einlegen und einen Knödel formen. In heißem Salzwasser zart wallend kochen. Den Knödeln von Zeit zu Zeit einen Schubser geben, damit sie sich drehen. Butter schmelzen. Knödel aus dem Wasser heben und abtropfen lassen. Mit zerlassener Butter übergießen und mit Staubzucker reichlich bestreuen.

Speisenregister

Gschmackige Suppen
Feine Salate
Snacks, Beilagen und nette Kleinigkeiten
Bunte Mischung
Köstliche Wasserbewohner
Fleischgenüsse
Strudel und Co.

Gschmackige Suppen

Feine Salate

Snacks, Beilagen und nette Kleinigkeiten

Bunte Mischung

Köstliche Wasserbewohner

Fleischgenüsse

Strudel und Co.

www.deuticke.at

Gestaltung, Produktion: typic®/wolf

Herstellung: Josef Embacher

Fotos: © Martin Kraml, außer S. 11–13, 19–21, 33/34, 73–75, 77–80, 82, 89–91, 203–205: © Resetarits privat

Umschlaggestaltung: Studio Hollinger

Umschlagfotos: © Stefan Badegruber, © Martin Kraml

Druck: Ueberreuter Print und Digimedia GmbH, Korneuburg

Printed in Austria

ISBN 3-216-30578-3